Hausgemacht

Pfannkuchen

avBUCH

Hausgemacht

Pfannkuchen

Christian Dieterich

KÖSTLICHE REZEPTE
aus aller Welt

avBUCH

Inhalt

Vorwort 6
So könnte es gewesen sein 8
Wenige Zutaten – große Vielfalt 11
Grundrezept und mehr 16
Geschirr und Zubehör 21

Europa 24
Apfelpfannkuchen 26
Topfenpalatschinken 29
Galettes complètes 30
Oatcakes 31
Crêpes Suzette 32
Panelle 35
Necci 36
Tortilla de patatas 39
Matafan 40
Frittata di cipolla 41
Crespelle 42

Indien und Afrika 44
Chennaküchlein 46
Vhutetwe 49
Khobz 50
Baghrir 51
M'semen 52
Chapati 55
Injeras 56
Jaffna dosai 57
Masala dosa 58

Asien 60
Blinis 62
Kue emping 64
Roti jala 65
Date-Maki-Sushi 66
Bo bing 69
Gamjajun 70
Bánh xèo 71
Tamago 72
Roti 75
Bánh cuón 76
Dadar gulung 77

Amerika 78
Pancakes 80
Tacos de suadero 83
Cachapas 84
Johnnycakes 85
Burritos 86
Shrimpcakes 89
Chilaquiles 90
Tostones 93

Rezepte von A bis Z 94

Umrechnungstabelle 96

Dank 96
Impressum 96

Liebe Leserin, lieber Leser!

Bei der Rezeptauswahl habe ich mir vorab die Frage gestellt, wie ich die Rezepte am besten ordnen könnte. Nach Mehlsorten oder doch lieber traditionell in Pfannkuchen, Waffeln und Krapfen? Ich habe mich letztendlich entschieden, eine Einteilung nach Kontinenten vorzunehmen. Das bietet einen etwas anderen als den üblichen Gesichtspunkt, der ganz von selbst auch eine Gruppierung nach Mehlsorten und nach Pfannkuchentyp mit sich bringt.

Dieser internationale Ansatz rückt auch verwandte Zubereitungsarten in das Blickfeld, deren Produkte eher bei den Fladenbroten einzuordnen sind: die mexikanischen Tortillas beispielsweise oder die ursprünglich in Indien beheimateten Chapati. Die Verwandtschaft mit den Pfannkuchen liegt abgesehen von der Form darin, dass sie einerseits schnell zubereitet sind, oft als Snack am Straßenrand verkauft und überwiegend in einer Pfanne hergestellt werden.

Beim Teig, aus dem Pfannkuchen gemacht werden können, habe ich versucht, verschiedenste Möglichkeiten aufzuzeigen, ohne allzu weit aus der Pfannkuchenwelt abzuschweifen.

Darum sind auch Varianten aus selbst gemachtem Quark (Topfen) oder Kartoffeln dabei. In Amerika werden viele Pfannkuchen aus Maismehl hergestellt. Und wenn mit frischem Mais oder mit Maismehl gekocht wird, müssen andere Techniken angewandt werden, um daraus Pfannkuchen zu machen. Denn Maismehl hat lange nicht so gute Klebereigenschaften wie zum Beispiel Weizenmehl.

In Asien werden viele Pfannkuchen ohne Milch zubereitet. Das liefert eine weitere Variationsmöglichkeit, einen Pfannkuchenteig zu rühren: nämlich mit Kokosmilch oder Wasser. In Südostasien ist zudem überall der Einfluss der indischen Küche zu spüren. Genauso im östlichen und südlichen Afrika. Dahin sind viele Inder ausgewandert, die ihre Kultur mitgebracht und deren kulinarische Traditionen sich dort etabliert haben. Das ist übrigens auch der Grund, Indien zusammen mit Afrika in einem Kapitel vorzustellen.

Aus Europa sind die typischen Pfannkuchen vertreten, die wir alle kennen. Auf Waffeln und Krapfen wie Poffertjes oder Berliner habe ich in diesem Buch verzichtet. Sie sind zwar auch aus Pfannkuchenteig, werden jedoch nicht in einer Pfanne hergestellt.

Trotz der Vielfalt, die ich angestrebt habe, werden wohl einige Leserinnen und Leser ihnen bekannte Pfannkuchen vermissen. Eine gewisse Bandbreite darzustellen war mir aber wichtiger, als alle regionalen Spezialitäten mitaufzunehmen. Gerade hier liegt oft der Reiz, ein Rezept auszuprobieren, um vielleicht ein Kindheitserlebnis wiederaufleben zu lassen oder ein Partybüfett thematisch einer regionalen Küche zu widmen.

Ich hoffe, dass ich mit dieser Rezeptsammlung viele Anreize geben kann, einige davon auszuprobieren und Neues zu versuchen. Versuchen Sie es einfach einmal! Pfannkuchen gelingen leicht, auch mit wenig Übung. Sie werden sehen: Im Nu kombinieren Sie Ideen und Zutaten, um einen Pfannkuchen, der Sie an Ihren letzten Urlaub erinnert, zu Hause zuzubereiten oder Ihren Lieblingspfannkuchen neu zu entdecken.

Viel Spaß und guten Appetit!

im Februar 2011

So könnte
ES GEWESEN SEIN

Eine genaue Geburtsstunde und eine historisch korrekte Entwicklungsgeschichte des „Pfannkuchens" festzulegen, ist schlicht gesagt unmöglich. Dies hängt wahrscheinlich nicht zuletzt auch mit der Einfachheit des Rezepts zusammen, die eine überaus große Pfannkuchenvielfalt ermöglichte. Oder aber es gab viele verschiedene Geburtsstunden und das einfach gute Rezept hat sich an unterschiedlichen Orten parallel entwickelt.

Versucht man, dem aus einem gießfähigen Teig auf Getreidebasis hergestellten und flach gebackenen Rundling in puncto Zubereitung auf die Schliche zu kommen, dann landet man schnell beim Fladenbrot, einem auf Stein gebackenen Brot aus Getreide und Wasser. Jedoch hatte der dafür verwendete Teig – im Gegensatz zu den meisten in unseren Breiten geläufigen Pfannkuchenteigen – wohl eine eher knetfähige Konsistenz.

Eine andere Spur führt zu omelettähnlichen Gerichten, die mit verquirlten Eiern und anderen Zutaten hergestellt wurden. Überliefert ist ein Rezept des römischen Feinschmeckers und Kochs Apicius (er lebte im 1. Jh. n. Chr.) für „Ova sfongia ex lacte" (Omelett mit Milch). Dazu 4 Eier mit 250 ml Milch und 2 EL Öl verquirlen. Etwas Öl in einer Pfanne heiß werden lassen und die Mischung hineingießen. Das Omelett auf einer Seite stocken lassen, auf einen Teller stürzen, mit Honig übergießen und mit Pfeffer würzen. So viel hat sich also in den letzten 2 000 Jahren am Konzept nicht verändert.

Versucht man sich nun über das namengebende Kochgerät, also die Pfanne, zu nähern, dann stolpert man bald einmal über den Begriff „panna", bei dem nicht eindeutig geklärt ist, ob seine Wurzeln nun keltischen oder lateinischen Ursprungs sind. Dieses kochtechnische Arbeitsgerät entsprach zwar nicht ganz den heutigen Standards, es handelte sich aber um eine flache, ofenfeste Schüssel oder Form. Womit wir wieder beim Pfannkuchen

gelandet wären, da die Zubereitung im Ofen – wie Sie sehen werden – auch heute noch in gewissen Regionen üblich ist (Khobz, Pita).

Ob nun der Pfannkuchen vom Fladenbrot oder vom Omelett (Frittata, Tamago) abstammt, kann mittlerweile wahrscheinlich nicht mehr sicher geklärt werden. Oder ist er gar eine Mischung aus beiden? Fladenbrote wurden jedenfalls schon hergestellt, als nach der letzten Eiszeit mit dem Ackerbau begonnen wurde.

Noch früher wurde vielleicht das Omelett erfunden. Möglicherweise ging ein geklautes Straußenei beim Versuch, es zu öffnen, kaputt und tropfte auf die heißen Steine am Lagerfeuer. Das bedeutet aber keinesfalls, dass das Omelettmachen auf die leichte Schulter genommen werden kann oder darf. In klassischen französischen Kochbüchern wird dem Omelett nicht weniger Aufmerksamkeit geschenkt als den Soufflés. Mit den Pfannkuchen ist das ebenso. Da sind die Crêpes nicht weniger prominent vertreten als die Omeletts oder Soufflés.

Das erste schriftlich überlieferte Rezept stammt aus dem 15. Jahrhundert und war eine Kreation aus Hirsemehl, Eiern, Käse und Zucker. Ab diesem Zeitpunkt begann sich der Pfannkuchen auch in zwei grundlegende Richtungen zu entwickeln: zu einer hohen, flaumig-luftigen Version einerseits und zu einer flachen Variante andererseits.

Und ganz allmählich entstanden auch regionale Spezialitäten, die sich zum einen in ihrer Konsistenz (dünn oder dick, fest oder biegsam), zum anderen im Geschmack (süß oder salzig) voneinander abhoben. Sucht man in älteren deutschsprachigen Kochbüchern nach Pfannkuchenrezepten, so werden diese sehr häufig nach der grundlegenden Zutat wie etwa Mehl, Kartoffel oder Ei unterschieden.

Aber nicht nur in Kochbüchern, sondern auch in Kinderliedern und Kinderversen hat sich der Pfannkuchen und seine Spielarten literarisch verewigt. Ein Beispiel stammt aus der Sammlung „Voer de Goern" mit niederdeutschen Kinderreimen des Schriftstellers Klaus Groth (1819–1899):

Wohlgeschmeckt

En Pannkoken in 'e Pann,
Grot genog voer tein Mann!
Keen Stunn achteran,
Weet keen Minsch mehr dervan.
Rein Fatt un All satt!
Morgen ward gut Wedder.

Das kann schon sein, dass zufällig am nächsten Tag das Wetter gut wird, wenn der Teller und die Schüssel leer gegessen wurden. Viel wahrscheinlicher ist aber, dass es morgen wieder etwas Gutes zum Essen gibt, wenn der Teller leer gegessen wird. Sonst gibt's nämlich die Reste von heute.

Wenige Zutaten
– GROSSE VIELFALT

Etwas überspitzt formuliert könnte man Pfannkuchen als eine mögliche Keimzelle des Kochens begreifen. Hier wird die Idee in einfacher Weise umgesetzt, verschiedene Zutaten zu etwas Neuem zu kombinieren.

Und dafür muss oft gar nicht extra eingekauft werden. Mehl, Milch, Eier, Salz und etwas Butter oder Öl zum Backen sind typischerweise schon im Küchen- und Kühlschrank vorrätig. Die meisten Pfannkuchen kommen mit diesen Zutaten aus. Dann kommt es darauf an, in welchem Verhältnis sie gemischt und wie sie verarbeitet werden, um das Prinzip „Pfannkuchen" zu variieren. Die untenstehende Tabelle soll die Vielfalt vermitteln, die sich aus einer Handvoll Grundzutaten zaubern lässt.

Pfannkuchen lassen sich natürlich auch aus Fertigmischungen herstellen. Allerdings ist der Zeitgewinn und die Vereinfachung in der Zubereitung relativ

SORTEN/ZUTATEN	Mehl	Milch	Wasser	Eier	Öl/Butter	Salz	Zucker	Außerdem
Blinis	120 g	275 ml	200 ml	2	4 EL	½ TL	1 TL	Hefe, Buchweizenmehl
Bo bing	125 g	-	100 ml	-	1 TL	-	-	Sesamöl
Chapati	175 g	-	100 ml	-	1 EL	½ TL	-	-
Crêpes	150 g	300 ml	-	4	3 EL	½ TL	1 EL	-
Crespelle	75 g	200 ml	-	5	5 EL	1 Prise	-	-
Frittata	-	-	-	6	8 EL	½ TL	-	2 Zwiebeln
Galettes	100 g	-	250 ml	1	-	½ TL	-	Buchweizenmehl
Kue emping	100 g	125 ml	125 ml	1	1 EL	½ TL	1 EL	Backpulver, Zimt
Palatschinken	100 g	175 ml	-	2	2 EL	1 Prise	1 EL	Zitronenschale
Pancakes	150 g	150 ml	-	1	-	1 Prise	-	Backpulver
Pfannkuchen	150 g	300 ml	-	1	-	1 Prise	-	-
Roti	125 g	-	50 ml	-	1 EL	¼ TL	1 EL	-
Weizentortillas	150 g	-	100 ml	-	-	-	-	-

gering, weil die Fertigmischung ja trotzdem mit Milch oder Wasser vermischt werden muss. Das ist mit dem selbst gemachten Teig auch nicht anders. Milch und Eier zu den trockenen Zutaten geben und zu einem Teig schlagen. Fertig. Und im Übrigen können Sie auch selbst eine Fertigmischung herstellen. Für Ihre Lieblingspfannkuchen Mehl, Salz und eventuell Backpulver, Vanillezucker oder Zimt in der richtigen Zusammensetzung mischen und in einer Dose aufbewahren.

Bei Laktoseintoleranz kann die Milch im Pfannkuchenteig problemlos durch Sojamilch ersetzt werden. Außerdem gibt es eine große Auswahl an Pfannkuchen, die mit Wasser oder Kokosmilch hergestellt werden.

Auch bei einer Glutenunverträglichkeit muss selbstverständlich nicht auf Pfannkuchen verzichtet werden. Das Weizenmehl kann in den meisten Fällen durch glutenfreies Mehl ersetzt werden, weil es beim Pfannkuchenbacken nicht so sehr auf die Eigenschaften des Glutens im Mehl ankommt. Allerdings sind auch Pfannkuchen leichter zu handhaben und gehen besser auf, wenn der Teig vor der Verarbeitung mindestens 30 Minuten quillt. Als Alternativen zum Weizenmehl gibt es von Natur aus glutenfreies Mehl aus Hirse, Buchweizen, Kastanien, Mais und Reis.

Manche Pfannkuchenrezepte werden sogar traditionell ohne Weizenmehl bereitet. In vielen Fällen bloß deswegen, weil Weizen in einer bestimmten Region einfach nicht wächst und die Beschaffung entsprechend teuer ist. Da haben sich dann notgedrungen Pfannkuchenvarianten aus anderen Mehlarten (siehe oben) entwickelt.

Und bei einer Allergie gegen Hühnereiweiß sollten die Pfannkuchen möglichst keine Eier enthalten. In all den genannten Fällen kann die Übersicht auf den Seiten 14 und 15 hilfreich sein, Pfannkuchen auszusuchen und zuzubereiten, die die typischen Zutaten Mehl, Milch und Eier nicht enthalten.

Europa

ohne Weizenmehl	ohne Milch	ohne Eier
Frittata	Frittata	
Galettes	Galettes	
Necci	Necci	
		Oatcakes
Panelle	Panelle	Panelle
Tortillas	Tortillas	

Afrika und Indien

ohne Weizenmehl	ohne Milch	ohne Eier
	Baghrir	Baghrir
	Chapati	Chapati
Chenna		Chenna
	Injeras	Injeras
	Khobz	
Jaffna dosai	Jaffna dosai	Jaffna dosai
	M'semen	M'semen
Masala dosa	Masala dosa	Masala dosa
Vhutetwe	Vhutetwe	Vhutetwe

Asien

ohne Weizenmehl	ohne Milch	ohne Eier
Bánh cuón	Bánh cuón	Bánh cuón
Bánh xèo	Bánh xèo	
Blinis		
	Bo bing	Bo bing
	Dadar gulung	
Date-Maki-Sushi	Date-Maki-Sushi	
Gamjajun	Gamjajun	Gamjajun
	Roti	Roti
	Roti jala	
Tamago	Tamago	

Amerika

ohne Weizenmehl	ohne Milch	ohne Eier
	Burritos	Burritos
Cachapas	Cachapas	
Chilaquiles	Chilaquiles	Chilaquiles
Johnnycakes	Johnnycakes	Johnnycakes
	Shrimpcakes	
Tacos	Tacos	Tacos
Tostones	Tostones	Tostones

Grundrezept
UND MEHR

Von der Technik und vom Arbeitsaufwand her können Pfannkuchen als Ausbaustufe des Spiegel- und Rühreis verstanden werden. Es gibt etwas mehr zu tun, das ist aber nicht kompliziert. Sie sind einfach und schnell genug zu machen, um sie auch mal zum Frühstück, zwischendurch oder anstelle der Mitternachtsspaghetti zuzubereiten. Mit einiger Übung ist das Pfannkuchenbacken fast mit dem Schmieren eines Butterbrots zu vergleichen.

Im Folgenden ein simples Grundrezept für Pfannkuchen, das Sie nach ein paar Mal aus dem Effeff beherrschen. Das ist nicht ganz unwichtig, denn es gibt bekanntlich Situationen, in denen Sie Ihre Aufmerksamkeit nicht ungeteilt den Pfannkuchen widmen können. Etwa wenn die Kinder quengeln, weil sie Hunger haben und jetzt sofort etwas zu essen wollen. Dann müssen Sie im „Blindflug" Pfannkuchen backen.

Grundrezept für 4–6 Pfannkuchen
1 Tasse Mehl, 1 Tasse Milch, 1 Prise Salz, 1 Ei in eine Schüssel geben. Mit dem Schneebesen ½ Minute zu einem glatten Teig schlagen. Pfanne bei mäßiger Hitze auf den Herd stellen. ¼ TL Butter oder Öl darin erhitzen. ¼ des Teigs in eine Bratpfanne gießen und auf beiden Seiten je 2 Minuten backen. Mit dem restlichen Teig in gleicher Weise verfahren. Die bereits fertigen Pfannkuchen auf einem Teller stapeln und bei ungefähr 60 °C im Backofen warm halten.

Pfannkuchen nature auf den Tisch zu stellen ist also kein Problem. Dazu reichen Sie dann Konfitüre, Honig, Schokolade- oder Nougatcreme. Dann kann jeder selbst die Pfannkuchen bestreichen, aufrollen und genießen.

Es gibt aber auch ein paar ganz simple Tricks, womit schon der Pfannkuchenteig etwas variiert werden kann. Geben Sie zum Mehl 2 EL Kakao- oder Schokoladepuddingpulver dazu. Oder verwenden Sie anstelle der Milch Schokolade- oder Vanillemilch. Auch ein bisschen abgeriebene Zitronenschale, ein paar Tropfen Vanilleextrakt oder Orangenblütenöl im Teig verleihen Ihren Pfannkuchen eine ganz besonders köstliche Note.

Pfannkuchenteig kann auch mit gemahlenen Gewürzen, getrockneten oder frischen Kräutern oder Sesam, Leinsamen oder Kümmel gewürzt werden. Um sich hier inspirieren zu lassen, sind die etwas exotischeren Rezepte sehr zu empfehlen. Wie beispielsweise Sesamsamen für Pfannkuchen verwendet werden, sehen Sie an den marokkanischen Khobz. Das ist ein bewährtes Rezept, welches in vielen Varianten überliefert und aufgeschrieben wurde.

Für ganz simple Füllungen kann etwa geraspelte Schokolade oder geriebener Käse (Emmentaler, Bergkäse, Parmesan) verwendet werden. Am besten wird diese Art der Füllung schon in der Pfanne auf die fertig gebackene Rückseite des Pfannkuchens gestreut, dann schmilzt die Schokolade oder der Käse schon ein wenig. Prinzipiell eignen sich alle herzhaften und süßen Brotaufstriche (Konfitüre, Fruchtmus, Nougatcreme, Kräuterquark oder Frischkäse) als Füllung.

Verschiedene Gewürze wie Muskatnuss, Zimt oder Kardamom peppen das Ganze lecker auf. Und am Beispiel der Dadar gulung (Rezept siehe Seite 77) oder der Galettes (Rezept siehe Seite 30) können wir uns ein Bild davon machen, wie Kokosnuss oder Käse in Pfannkuchenrezepte integriert werden.

Klassische Füllungen für Pfannkuchen sind zum Beispiel Hackfleischsoße, Karottenpüree, Rahmspinat und Apfelmus. Für selbst gemachtes **Apfelmus** 2 kg in Stücke geschnittene Äpfel mit 150 g Feinkristallzucker aufkochen. Unter ständigem Rühren so lange kochen, bis der Saft austritt. Dann zugedeckt bei niedriger Hitze einkochen lassen, bis ein sämiges und glänzendes Mus entsteht.

Das heißt jetzt aber nicht, dass Sie sich stur an die hier beschriebenen Möglichkeiten halten müssen. Sie sind lediglich als Empfehlungen und Vorschläge zu verstehen und erheben absolut keinen Anspruch auf Vollständigkeit. Versuchen Sie das Prinzip zu übernehmen und aus den Zutaten, die Sie gerade zu Hause haben, etwas Leckeres zu kombinieren.

Pfannkuchen können auch ohne Fülle, dafür aber mit einer Beilage serviert werden. Als solche eignen sich etwa Gemüse wie Blumenkohl oder Spargel, aber auch „nur" mit Schnittlauchröllchen bestreut munden die köstlichen Teigscheiben. Auch ein frischer Salat passt dazu ausgezeichnet. Wer es lieber süß mag, sollte auf jeden Fall einmal Pfannkuchen mit Pudding oder Creme servieren.

Mein ganz persönlicher Favorit ist ein mit Obst verfeinerter **Vanillepudding**. Dazu 300 ml Orangensaft, 100 ml Weißwein, 1 Pkg. Vanillepuddingpulver, 60 g Feinkristallzucker, etwas abgeriebene Zitronenschale und 1 Prise Salz zu einem Pudding kochen. 1 Birne, 3 Nektarinen oder Pfirsiche und ½ Honigmelone schälen, würfeln oder Kugeln ausstechen und zum Pudding geben. Gut vermischen und abkühlen lassen. Eventuell mit ein wenig gemahlenem Zimt verfeinern und als Beilage zu Pfannkuchen servieren.

Resteverwertung und Notlösung

Immer wenn Pfannkuchen übrig bleiben, können diese für eine **Flädle- oder Frittatensuppe** weiterverwertet werden.

Zutaten
1 l Brühe
2 Handvoll Suppengemüse
1 Handvoll Petersilie
1 Prise getrockneter Majoran
etwas schwarzer Pfeffer
½ TL Salz
3–4 Pfannkuchen

Zubereitung
Das Gemüse in ca. 5 cm lange, 1 ½ mm dicke Streifen schneiden (Julienne). Diese in der Brühe aufkochen und dann ungefähr 15 Minuten bei geringer Hitze köcheln lassen, bis sie gar, aber noch bissfest sind. Mit Majoran, Salz und Pfeffer würzen.

In der Zwischenzeit die Pfannkuchen fest aufrollen und in feine Streifen

schneiden. Die Flädle oder Frittaten in Suppenteller verteilen und mit der heißen Brühe übergießen. Mit gehackter Petersilie bestreuen und servieren.

Wenn keine Pfannkuchen übrig sind, können **Flädle** auch extra für die Suppe gebacken werden. Hierfür 125 ml Milch in 100 g Mehl gießen und kräftig schlagen. 2 Eier sowie etwas Salz dazugeben und die Masse mit einer Gabel oder einem Schneebesen zu einem glatten Teig rühren. Den Teig vor der Weiterverarbeitung etwas ruhen lassen.

Und falls – wie es so oft der Fall ist – der erste und vielleicht auch noch der zweite Pfannkuchen nicht gelingen sollten, dann machen Sie doch aus der Not eine Tugend. Ändern Sie kurzerhand die Technik und fabrizieren Sie daraus einen leckeren **Kaiserschmarrn**.

Dafür 1 EL Schmalz in eine Pfanne geben. Die Hälfte des Teigs bei mittlerer

Hitze 2–3 Minuten backen. Den Kaiserschmarrn umdrehen und auf der anderen Seite nochmals etwa 2 Minuten backen. Mit der anderen Hälfte des Teigs ebenso verfahren. Am Schluss mithilfe einer Gabel in kleine Stücke reißen und im restlichen Schmalz goldbraun backen. Zum Servieren mit ein bisschen Puderzucker bestreuen und mit Zwetschgenkompott (Zwetschkenröster, siehe folgendes Rezept) oder Apfelmus (Rezept siehe Seite 18) genießen.

Das folgende Beispiel ist ein **traditionelles Rezept für Kaiserschmarrn**:

Zutaten für 4 Portionen
150 g Weizenmehl
250 ml Milch
3 Eier
2 EL Feinkristallzucker
1 Handvoll Rosinen
1 Prise Salz
4 EL Schmalz
etwas Puderzucker

Zwetschgenkompott
(Zwetschkenröster)
1 kg entsteinte Zwetschgen
250 ml Wasser
200 g Feinkristallzucker
4 Gewürznelken, 1 Zimtstange
Saft einer Zitrone

Zubereitung
Milch, Mehl, Rosinen, Zucker und Salz in einer Schüssel verrühren. Die Eier trennen und das Eigelb mit dem Teig verrühren. Eiweiß mithilfe eines Schneebesens steif schlagen und vorsichtig unter den Teig heben. Aus dem Teig wie oben beschrieben zwei dicke Kaiserschmarrn backen.

Für das Zwetschgenkompott Wasser mit Zucker, Gewürznelken und Zimtstange aufkochen und die halbierten, entsteinten Zwetschgen dazugeben. Häufig umrühren, bis die Früchte weich werden.

Abkühlen lassen und den Saft einer Zitrone dazupressen.

Geschirr
und Zubehör

Zum Pfannkuchenbacken wird keine spezielle Ausrüstung benötigt. Natürlich gibt es die Crêpespfannen und die Schieber zum Verteilen des Teigs. Mit etwas Übung lässt sich aber auch eine übliche Pfanne und die Rückseite eines Löffels zum Pfannkuchen- und Crêpesbacken verwenden. Wenn die Technik sitzt, wird die Technologie nicht mehr gebraucht. Ein Pfannenwender oder manchmal auch ein Pfannendeckel sind hilfreich, bis die Pfannkuchen ganz locker im Flug gewendet werden können.

Dann wird noch eine Schüssel und ein Schneebesen oder ein Handmixer benötigt, um den Pfannkuchenteig zu rühren. Sinnvoll ist ein Pinsel oder ein Tuch, mit dem das Öl in der Bratpfanne verteilt werden kann. Für Pfannkuchen wird in der Regel nicht viel Öl gebraucht, es muss einfach in der Pfanne gut verteilt sein. Sehr gut funktioniert das mit einem Küchentuch oder Küchenpapier, mit dem man ein paar Tropfen Öl in der Pfanne verreibt.

Das namengebende Kochgerät ist dabei das Wichtigste. Die richtige Wahl und Pflege erleichtert nicht nur das Pfannkuchenbacken, eine gute Pfanne ist auch bei allen anderen Bratvorgängen hilfreich und nützlich.

Am gebräuchlichsten und billigsten ist eine – meist aus Aluminium hergestellte – antihaftbeschichtete Pfanne (auch Teflonpfanne genannt). Daran bleibt normalerweise nichts kleben und der Pfannkuchen kann optimal herausgehoben werden. Ein Einfetten ist nicht notwendig. Für Pfannkuchen, die stark aufgehen, ist die Verwendung einer Pfanne mit hohem Rand sinnvoll. Es ist jedoch ein sorgsamer Umgang angeraten, da diese Pfannen meist mit einer Schicht Polytetrafluorethylen (PTFE) überzogen sind und weder über 250 °C erhitzt werden dürfen noch kratzfest sind.

Sie sind also etwa zum Pfannenrühren nicht so gut geeignet, da durch die dabei erforderlichen hohen Temperaturen die Beschichtung in Mitleidenschaft gezogen wird. Beim Kauf ist gegebenenfalls auf eine PTFE-freie Beschichtung zu achten. Damit können

Pfannen bis auf 400 °C erhitzt werden. Die meisten Menschen verwenden zur Reinigung der Pfanne zwar eine Spülmaschine, normalerweise genügt es aber, sie mit heißem Wasser auszuspülen und mit Küchenpapier (eventuell mit etwas Salz als Scheuermittel) auszuwischen.

Am unkompliziertesten sind unbeschichtete Pfannen, beispielsweise aus Edelstahl, (Guss-)Eisen oder Kupfer. Diesen Metallen und Legierungen vermögen auch hohe Temperaturen über 500 °C nichts anzuhaben. Nun ist aber in erster Linie nicht der Schmelzpunkt der Pfanne, sondern ihre Wärmeleitfähigkeit bzw. Wärmespeicherung ausschlaggebend.

Von den genannten Materialien besitzt Kupfer die höchste Wärmeleitfähigkeit, weshalb Kupferpfannen und -töpfe auch gern zum Soßen- oder Marmeladekochen verwendet werden und bei Profiköchen – neben geschmiedetem Eisen – oft erste Wahl sind. Da Kupfer mit manchen Speisen reagieren kann, ist der Pfannenboden mit Edelstahl beschichtet. Auch Zinn ist hier üblich, was allerdings nur für Arbeiten bei niedriger Hitze (< 230 °C) geeignet ist.

Bratpfannen aus geschmiedetem Eisen sind schwer, und da ihr Boden nicht plan ist, sind sie für Gasherde und für Induktionskochplatten besser geeignet als für Infrarot-Elektroherde. Vor der ersten Verwendung müssen Eisenpfannen mit Speiseöl, Salz und Kartoffeln eingebraten werden, um eine stärkehaltige Beschichtung zu erzielen. Hierfür die gesalzenen Kartoffelscheiben im Öl 10–15 Minuten auf höchster Stufe braten. In der Pfanne abkühlen lassen und dann wegschütten. Die Pfannen haben dann durch die stärkehaltige Patina ähnliche Antihafteigenschaften wie Teflonpfannen, allerdings bei einer entschieden besseren Wärmeleitfähigkeit.

Auch Gusseisen verfügt über gute Wärmeleiteigenschaften und wird ebenfalls mit zunehmender Benutzung unempfindlicher gegen das Festkleben von Speisen, weil sich in den Poren des Pfannenbodens eine Art Überzug bildet.

Um zum Beispiel eine neue Gusseisenpfanne für den Gebrauch vorzubereiten, sollte man sie innen und außen mit 1 TL Pflanzenöl einreiben. Dann 2–3 cm hoch Öl einfüllen und für einige Stunden bei 160 °C in den Backofen stellen. Die Außenseite immer wieder mit Öl einpinseln. Nach dem Einbrennen das Öl abgießen. Anschließend die Gusseisenpfanne mit Wasser (Achtung: kein Spülmittel verwenden!) waschen, spülen, abtrocknen und gleich mit einem Pinsel leicht einfetten. Wenn die Pfanne danach häufig benutzt wird, sollte darin nichts kleben bleiben.

Bei gelegentlichem Gebrauch die Pfanne von Zeit zu Zeit mit etwas Öl einreiben und auf dem Herd aufheizen. Eine Gusseisenpfanne sollte nur mit Wasser und keinesfalls in der Spülmaschine gereinigt werden. Um eingebrannte Partikel zu lösen, kann die Pfanne hin und wieder mit 2 EL Salz und einem Küchentuch einem vorsichtigen „Peeling" unterzogen werden.

Edelstahlpfannen sind in Europa neben Teflonpfannen wohl am weitesten verbreitet. Da Edelstahl von Haus aus keine allzu gute Wärmeleitfähigkeite aufweist, sind die Pfannen – ganz oder teilweise – aus mehreren Materialschichten (Stichwort: Sandwichboden) gefertigt. Häufig wird dafür Aluminium oder Kupfer verwendet.

Apfelpfannkuchen

Deutschland

Zutaten

für ca. 8 Stück

- 250 g Weizenmehl
- 500 ml Milch
- 1 Ei
- 1 Prise Salz
- 2 Äpfel

- 3 EL Schmalz zum Backen
- 6 EL Zucker zum Bestreuen

Nährwert pro Stück

Eiweiß	6,2 g
Kohlenhydrate	30,6 g
Fett	6,6 g
Kilokalorien	208

Zubereitung

Mehl und Salz vermischen und die Milch dazugießen. Rühren, bis ein glatter Teig entsteht. Dann das Ei unter Rühren entweder ganz dazugeben oder das Ei trennen und zunächst nur das Eigelb einarbeiten. Das Eiweiß steif schlagen und erst dann unter den Teig heben.

Die Äpfel waschen, vierteln, entkernen und in dünne Schnitze schneiden. Die Apfelschnitze zum Pfannkuchenteig geben.

In einer Pfanne etwas Schmalz hellbraun werden lassen und aus dem Teig recht dicke Pfannkuchen backen. Die Pfannkuchen mit Zucker bestreuen und auf einem großen Teller stapeln. Im Ofen bei ca. 100 °C warm halten, dann karamellisiert auch der Zucker ganz gut.

Zum Servieren vom Pfannkuchenstapel Tortenstücke herausschneiden.

Variante
Martins Apfelpfannkuchen

Für 4 Pfannkuchen aus 100 g Weizenmehl, 200 ml Milch, 4 Eiern und einer Prise Salz einen flüssigen Pfannkuchenteig rühren. Einen großen Apfel schälen und in ganz dünne Spalten schneiden. Je Pfannkuchen 1 EL Butter in der Pfanne schmelzen und 1 EL Feinkristallzucker in die Butter streuen. 6–12 Apfelspalten in einer Pfanne sternförmig arrangieren und etwa 3 Minuten karamellisieren lassen. Dann vorsichtig ¼ des Pfannkuchenteigs darübergießen, bis die Apfelspalten fast bedeckt sind.

Den Pfannkuchen 2 Minuten stocken lassen, bis er an den Rändern braun wird und oben nicht mehr flüssig ist. Mithilfe des Pfannendeckels wenden (Deckel auf die Pfanne setzen, umdrehen und Pfannkuchen wieder in die Pfanne gleiten lassen) und auf der anderen Seite nochmals 1 Minute backen. Für die restlichen Pfannkuchen ebenso verfahren. Die fertigen Pfannkuchen im Ofen (60 °C) warm halten.

Apropos

Bei Palatschinken und Crespelle wird das Öl schon in den Teig gerührt. Das macht sie einfacher in der Zubereitung und Handhabung, weil sie die Pfanne von selbst einfetten.

Nährwert pro Stück

Eiweiß	3,9 g
Kohlenhydrate	11,4 g
Fett	5,7 g
Kilokalorien	113

Topfenpalatschinken

Österreich

Zutaten

für ca 8 Stück

Teig
- 100 g Weizenmehl
- 175 ml Milch
- 2 EL Öl
- 2 Eier
- 1 EL Vanillezucker
- abgeriebene Schale einer ½ Biozitrone
- 1 Prise Salz

Topfenfüllung
- 150 g Quark (Topfen)
- 2 Eier
- 50 g Butter
- 30 g Puderzucker
- ½ Zitrone
- 2 EL Vanillezucker
- 1 Handvoll Rosinen
- 1 Prise Salz

Vanillesoße
- 250 ml Milch
- 1 TL Speisestärke
- 1 Eigelb
- 4 EL Feinkristallzucker
- 1 EL Vanillezucker
- 1 Prise Salz

- Öl zum Backen

Zubereitung

Alle trockenen Teigzutaten gründlich verrühren, Öl hinzufügen und so viel Milch dazugießen, dass ein dünnflüssiger Teig entsteht. Jetzt die Eier unterrühren. Der Teig sollte von der Konsistenz etwas dicker als Crêpeteig sein.

Eine Pfanne einfetten und jeweils ½ Schöpflöffel Teig darin verteilen. Bei mäßiger Hitze auf beiden Seiten 1 Minute backen, bis die Palatschinken hellbraun sind. Während die Palatschinken abkühlen, die Topfenfüllung zubereiten.

Dafür die Eier trennen. Eigelbe mit Topfen, Butter, Puderzucker sowie abgeriebener Schale und Saft der halben Zitrone schaumig schlagen. Rosinen dazugeben, Eiweiß mit Vanillezucker steif schlagen und unter die Topfenmasse ziehen.

Die Palatschinken mit der Topfenmischung füllen (auf einer Seite einen kleinen Rand frei lassen) und locker aufrollen. Die gefüllten Palatschinken in Rollen von ca. 8 x 5 cm schneiden. In die eingefettete Auflaufform (ca. 25 x 18 cm) setzen und bei 160 °C ungefähr 10 Minuten im Ofen backen. Etwas Milch über die Topfenpalatschinken gießen und weitere 20 Minuten backen. Vor dem Servieren mit Puderzucker bestäuben.

Währenddessen die Vanillesoße zubereiten. Hierfür die Hälfte der Milch mit Zucker und Salz aufkochen. Die Stärke in der restlichen Milch auflösen, das Eigelb darin verrühren und in die heiße Milch einrühren. Unter ständigem Rühren aufkochen lassen und heiß über die Topfenpalatschinken gießen.

Europa

Galettes complètes

Frankreich

Zutaten
für ca. 4 Stück

Teig
- 100 g Buchweizenmehl
- 250 ml Wasser
- 1 Ei
- ½ TL (Meer-)Salz

Füllung
- etwas Butter
- 4 Scheiben gekochter Schinken
- 4 Eier
- 150 g geriebener Gruyère

- Schweineschmalz zum Backen

Nährwert pro Stück

Eiweiß	29,7 g
Kohlenhydrate	18,5 g
Fett	21,4 g
Kilokalorien	387

Zubereitung

Für den Teig Mehl und Salz in einer Schüssel mischen. Das Ei hinzufügen und nach und nach Wasser dazugießen. Mit einem Schneebesen schlagen, bis ein glatter Teig entsteht. Den Teig 1-2 Stunden im Kühlschrank ruhen lassen.

Eine große Pfanne aufheizen und ein wenig Schmalz hineingeben, damit die Galettes nicht ankleben. Bei mäßiger Hitze je ¼ des Teigs in der Pfanne verteilen und auf einer Seite 1-2 Minuten backen.

Die Galette umdrehen, mit etwas Butter bestreichen und darauf eine Scheibe gekochten Schinken legen. Die Galette mit geriebenem Gruyère bestreuen, ein Ei aufschlagen und vorsichtig in die Mitte der Galette setzen. Wenn das Ei anfängt zu stocken, die Galette von allen vier Seiten her einschlagen, sodass das Eigelb aber noch sichtbar bleibt.

Sobald das Spiegelei durch ist, die Galette aus der Pfanne nehmen und im Ofen (60 °C) warm halten. Mit dem restlichen Teig ebenso verfahren.

Apropos

Galettes saucisse - eine Variante aus Rennes - werden auf beiden Seiten jeweils 1-2 Minuten gebacken und mit einem eingewickelten gebratenen Würstchen wie ein Hotdog aus der Hand gegessen.

Oatcakes

England

Zutaten

für ca. 12 Stück

Teig
- 150 g Haferflocken
- 150 g Weizenmehl
- 250 ml Milch
- 350 ml Wasser
- 1 TL Trockenhefe
- 1 TL Feinkristallzucker
- 1 TL Salz

Füllung
- 4 Eier
- 100 ml Milch
- etwas Salz und Pfeffer
- 12 Scheiben Frühstücksspeck
- eventuell 12 kleine Schweinsbratwürste

- etwas Öl zum Backen

Nährwert pro Stück

Eiweiß	12,0 g
Kohlenhydrate	19,9 g
Fett	26,8 g
Kilokalorien	366

Zubereitung

Mithilfe eines Pürierstabs die Haferflocken grob zerkleinern und mit dem Mehl vermischen. Trockenhefe, Zucker und Salz dazumischen.

Die Milch aufkochen, mit dem Wasser vermischen und etwas abkühlen lassen. Wenn die Flüssigkeit lauwarm ist, die Haferflocken-Mehl-Mischung hineinrühren. Alles gründlich vermischen und 1 Stunde zugedeckt an einem warmen Ort ruhen lassen.

Wenn der Teig schäumt, kann er für die Weiterverarbeitung verwendet werden. Nochmals umrühren und einen kleinen Schöpflöffel davon in eine leicht geölte Bratpfanne gießen. Die Oatcakes bei mittlerer Hitze auf beiden Seiten je etwa 2 ½ Minuten backen. Sie sollten an der Oberfläche trocken und löchrig sein, bevor sie gewendet werden. Die fertigen Oatcakes auf einem Kuchengitter abkühlen lassen.

Für die Füllung den Frühstücksspeck knusprig braten. Eventuell die Würstchen in der gleichen Pfanne rundherum 10 Minuten braten, bis sie durch sind. Eier mit Milch verquirlen, leicht würzen und im ausgelassenen Speck Rührerei braten.

Die Oatcakes füllen und aufrollen. Dann über einem Wasserbad zugedeckt dämpfen, bis sie wieder heiß sind, oder in der Mikrowelle vorsichtig aufwärmen.

Europa

Crêpes Suzette

Frankreich

Zutaten

für ca. 18 Stück

Teig
- 150 g Weizenmehl
- 300 ml Milch
- 4 Eier
- ½ TL Salz
- 1 EL Feinkristallzucker
- evtl. 2 EL Cognac
- evtl. 1 EL Grand Marnier
- 3 EL geschmolzene Butter

Füllung
- 100 g Butter
- 100 g Puderzucker
- 1 Orange
- evtl. 4 EL Grand Marnier

- Butter zum Backen
- Feinkristallzucker zum Bestreuen
- evtl. Grand Marnier zum Beträufeln

Nährwert pro Stück

Eiweiß	3,2 g
Kohlenhydrate	10,3 g
Fett	8,2 g
Kilokalorien	140

Zubereitung

Aus den genannten Teigzutaten (außer Butter) einen flüssigen Teig schlagen (wie Sahne) und für 1 Stunde in den Kühlschrank stellen. Je dünner Sie den Teig machen, desto dünnere Crêpes können Sie damit herstellen. Damit der Teig extra luftig wird, können Sie das Mehl sieben, bevor die anderen Zutaten dazugegeben werden. Die flüssige Butter wird erst kurz vor dem Backen in den Teig gerührt.

Für die Füllung die Orange waschen und die Schale fein abreiben. Mit Butter und Zucker in eine Küchenmaschine füllen und schlagen, bis die Masse eine cremige Konsistenz hat. Eventuell Grand Marnier und 2 EL Orangensaft dazugeben und nochmals so gut es geht aufschlagen (Butter und Orangensaft mischen sich nicht so gern). Dann die Buttercreme in den Kühlschrank stellen, bis die Crêpes fertig sind.

Für die Crêpes in einer Pfanne etwas Butter schmelzen und etwa 3 EL Teig in der heißen Pfanne verteilen, sodass sie überall mit einer dünnen Teigschicht überzogen ist. Am besten die Pfanne schräg halten und den Teig verlaufen lassen. Die Crêpes 1 Minute backen, umdrehen und nochmals ½ Minute backen. Die fertigen Crêpes im Ofen (60 °C) warm halten.

Auf den Crêpes je 1 EL Buttercreme verteilen, dann erst zu einem Halb-, anschließend zu einem Viertelkreis zusammenfalten. Auf ein eingefettetes Backblech legen, Zucker darüberstreuen, eventuell Grand Marnier darüberträufeln und im heißen Ofen (250 °C) kurz aufwärmen. Die Buttercreme in den Crêpes sollte nicht schmelzen.

Apropos

Für Crêpes flambées je 3–4 Crêpes zweimal falten, dick mit Feinkristallzucker bestreuen und auf ofenfesten Tellern im Backofen aufheizen, bis der Zucker geschmolzen ist. Währenddessen 1 Glas Rum (60 %) und 2 EL Cognac mischen und erwärmen. Die Crêpes mit dem Alkohol übergießen und diesen anzünden.

Panelle

Italien

Zutaten

für ca. 8 Stück

- 250 g Kichererbsenmehl
- 1 l Wasser
- 100 ml Olivenöl
- ½ TL Salz

- Öl zum Backen

Nährwert pro Stück

Eiweiß	2,4 g
Kohlenhydrate	6,7 g
Fett	14,7 g
Kilokalorien	172

Zubereitung

Das Wasser aufkochen, salzen und das Olivenöl dazugießen. Das Kichererbsenmehl in einem dünnen Strahl hineinrieseln lassen und einrühren. Auf niedriger Hitze etwa 20-30 Minuten köcheln lassen und ständig rühren, bis der Teig von der Kelle „reißt": Wenn man die Kelle durch den Teig zieht, schließt er sich dahinter nicht mehr.

Bevor der Teig zu steif wird, 1-2 cm dick auf ein Backblech streichen. Am besten über Nacht stocken lassen und dann in Rechtecke schneiden. Im heißen Olivenöl auf beiden Seiten 2-3 Minuten hellbraun werden lassen. Etwas abtropfen lassen und dann die Panelle noch warm aus der Hand oder in ein (Sesam-)Brötchen geklemmt essen. So macht man das zum Beispiel in Palermo.

Variante
Socca

Gebackene oder frittierte Schnitten oder Pfannkuchen aus Kichererbsenmehl sind rund um das westliche Mittelmeer recht verbreitet. In Nizza heißen sie socca und werden wie folgt zubereitet:

100 g Kichererbsenmehl, 250 ml Wasser, Salz, reichlich Pfeffer und getrockneten Oregano sowie 2 EL Olivenöl zu einem flüssigen Teig schlagen und 1 Stunde ruhen lassen. 2 EL Olivenöl in ein Kuchenblech von etwa 30 cm Durchmesser gießen, verteilen und im Backofen auf 250 °C erwärmen. Wenn das Öl zu rauchen beginnt, den Teig etwa 3 mm hoch hineingießen. Die Socca etwa 10 Minuten backen, in Stücke schneiden und noch heiß genießen.

Necci

Italien

Zutaten

für ca. 12 Stück

- 150 g Kastanienmehl
- 300 ml Wasser
- 2 Eier
- 1 Prise Salz

- 4 EL Butter
- 500 g Ricotta
- 8 EL (Kastanien-)Honig

- Öl zum Backen

Nährwert pro Stück

Eiweiß	5,6 g
Kohlenhydrate	9,8 g
Fett	9,0 g
Kilokalorien	143

Zubereitung

Das Kastanienmehl in eine Schüssel sieben und die Eier einarbeiten. Nach und nach das Wasser einrühren und den Teig ca. 15 Minuten stehen lassen.

Währenddessen den Ricotta mit dem (Kastanien-)Honig vermischen. Eine schwere Pfanne auf mittlere Hitze aufheizen und mit etwas Öl bepinseln. 2 EL Teig gleichmäßig in der Pfanne verteilen. Die Necci auf beiden Seiten je 1 Minute backen.

Die fertigen Necci aufeinanderstapeln und im Ofen (60 °C) warm halten. Wenn der Teig aufgebraucht ist, jeweils 2 EL Ricottamischung auf die Necci setzen, einmal falten, mit etwas Honig beträufeln und warm servieren.

Apropos

Necci sind in der Provinz Pistoia im nördlichen Apennin eine sehr beliebte Pfannkuchenspezialität.

Apropos

Damit eine Tortilla gut gelingt, braucht man etwas Übung. Wenn die Kartoffeln matschig werden, war wahrscheinlich zu wenig Öl in der Pfanne. Oder es wurde zu oft gerührt. Nicht aufgeben und einfach nochmals versuchen.

Tortilla de patatas

Spanien

Zutaten

für eine kleine Tortilla (Ø 20 cm)

- 500 g festkochende Kartoffeln
- 1 kleine Zwiebel
- 3 Eier
- ½ TL Salz
- ½ TL schwarzer Pfeffer

- ca. 50 ml Olivenöl zum Frittieren

Nährwert pro Stück

Eiweiß	8,5 g
Kohlenhydrate	19,6 g
Fett	17,7 g
Kilokalorien	273

Zubereitung

Kartoffeln schälen und mithilfe eines Sparschälers oder einer Mandoline in ganz dünne Scheiben schneiden.

Olivenöl in einer schweren Pfanne erhitzen und die Kartoffelscheiben darin frittieren, bis sie gar sind. Die Zwiebel in dünne Ringe schneiden. Die Eier leicht schlagen und mit Salz und Pfeffer würzen.

Von den Kartoffeln das Öl abgießen und eventuell fürs nächste Mal aufheben. Kartoffeln, Zwiebelringe zu den Eiern geben und vermischen. Die Kartoffel-Ei-Mischung zurück in die heiße, fettige Bratpfanne schütten und die Tortilla auf jeder Seite kurz backen, bis sie ein wenig Farbe angenommen hat und das Ei stockt. Ab und zu mithilfe eines Pfannendeckels wenden.

Zum Servieren die Tortilla in Stücke schneiden. Tortilla schmeckt warm oder kalt. Eine kleine Tortilla wie diese reicht für 2 oder als Tapa serviert für 4 Portionen.

Europa

Variante
Raggmunk

Eine ähnliche Zubereitung kommt aus Schweden. Dazu 250 g festkochende Kartoffeln grob reiben und mit einem Pfannkuchenteig aus 50 g Weizenmehl, 150 ml Milch, 1 Ei und etwas Salz vermischen. In einer gefetteten Pfanne zunächst einige dicke Speckscheiben braten, die gibt es nachher zu den Raggmunkar. Speck beiseitestellen. In dem ausgelassenen Fett aus dem Teig 4 Raggmunkar backen. Mit Preiselbeerkonfitüre anrichten und mit dem Speck servieren.

Matafan

Frankreich

Zutaten

für 2 Stück

- 150 g Weizenmehl
- 150 g Feinkristallzucker
- 75 ml Milch
- 2 Eier
- 1 Prise Salz

- geklärte Butter zum Backen (siehe Seite 55)
- Aprikosenkonfitüre zum Bestreichen oder Zucker zum Bestreuen

Nährwert pro Stück

Eiweiß	16,6 g
Kohlenhydrate	137 g
Fett	8,8 g
Kilokalorien	700

Zubereitung

In einer Schüssel Mehl, Zucker und etwas Salz vermischen. Die Eier schaumig schlagen, dann nach und nach die Milch dazugießen und weiterrühren. Die Eiermilch in die Schüssel mit dem Mehl gießen und zu einem dickflüssigen Teig vermischen.

In einer kleinen Pfanne (Ø 15–17 cm) 2 EL geklärte Butter schmelzen und die Hälfte des Teigs hineingießen. Die Hitze auf die niedrigste Stufe stellen, einen Deckel auf die Pfanne setzen und die erste Seite 5 Minuten backen. Wenn der Teig an der Oberfläche nicht mehr flüssig ist, den Matafan umdrehen. Nochmals 3 Minuten backen und auf einen Teller legen.

Mit dem zweiten Matafan weitermachen und währenddessen den ersten mit Konfitüre bestreichen oder mit Zucker bestreuen. Den zweiten Pfannkuchen darauflegen. Zum Servieren die Matafans wie eine Torte in Stücke schneiden.

Apropos

Vor allem in der französischen Provinz Berry sind diese dicken, doppelten Pfannkuchen mit Marmeladefülle sehr beliebt.

Frittata di cipolla

Italien

Zutaten

für 1 Stück

- 2 Zwiebeln
- 6 Eier
- 8 EL Olivenöl
- ½ TL Salz
- ½ TL schwarzer Pfeffer

Nährwert pro Stück

Eiweiß	48,2 g
Kohlenhydrate	9,6 g
Fett	140 g
Kilokalorien	1480

Zubereitung

Die Zwiebeln schälen und in dünne Ringe schneiden. Kurz unter kaltem Wasser abspülen (schwemmt den Schwefel heraus) und in einem Handtuch abtrocknen. Zwiebelringe in 4 EL Olivenöl dünsten, bis sie weich werden, aber nicht braun. Etwas salzen und dann abkühlen lassen.

Eier gründlich schlagen und die abgekühlten Zwiebeln dazugeben. Die Bratpfanne auswischen und das restliche Olivenöl heiß werden lassen, bis es raucht. Die Zwiebel-Ei-Mischung in die Pfanne gießen und etwa 5 Minuten backen, bis die Frittata stockt.

Die Frittata mithilfe eines Pfannendeckels umdrehen und auf der anderen Seite braun und fest werden lassen. Zimmerwarm und wie eine Torte in Stücke geschnitten servieren.

Variante
Frittata del Venerdì Santo

4 EL Olivenöl in eine heiße Bratpfanne geben und erhitzen. 1 gehackte Zwiebel, ½ Kopf gehackten Romainesalat und 1 Handvoll gehackten Rucola im Öl andünsten und häufig umrühren. Mit einem Schluck Vin Santo ablöschen, mit Salz und Pfeffer würzen und etwas abkühlen lassen.

6 Eier verschlagen, je 2 EL Parmesan und Pecorino Romano in die Eier reiben. Etwas salzen und pfeffern und das abgekühlte Gemüse unter die Eier mischen. Die Karfreitags-Frittata so backen wie die Zwiebel-Frittata. Darauf achten, dass die Frittata nicht anbrennt. Wenn sie an der Pfanne klebt, die Frittata unter dem Grill im Ofen backen, bis sie oben auch braun ist. Heiß oder kalt servieren.

Statt Rucola oder Romainesalat können Sie auch Löwenzahn-, Brennnessel- oder Bärlauchblätter verwenden.

Crespelle

Italien

Zutaten

für ca. 12 Stück

Teig
- 75 g Weizenmehl
- 200 ml Milch
- 5 Eier
- 5 EL geschmolzene Butter
- 1 Prise Salz

Füllung
- 250 g Ricotta
- 2 Handvoll Blattspinat
- 2 Knoblauchzehen
- 1 EL frische Petersilie
- 1 EL frischer Basilikum
- 1 Handvoll geriebener Parmesan

Zum Überbacken
- 250 ml Béchamel
- 1 Handvoll geriebener Parmesan
- 1 Handvoll grobes Paniermehl (Semmelbrösel)
- 2 EL Butterflocken

- Butter oder Öl zum Backen

Nährwert pro Stück

Eiweiß	8,8 g
Kohlenhydrate	7,5 g
Fett	14,9 g
Kilokalorien	199

Zubereitung

Milch und Mehl mit einem Schneebesen gut verrühren. Dann die Eier und die geschmolzene Butter hineinschlagen. Leicht salzen und den Teig 30 Minuten stehen lassen. Währenddessen den Spinat gründlich waschen und etwas abtropfen lassen. Knoblauchzehen schälen, hacken und zusammen mit 1 EL Olivenöl und dem Spinat in einen großen Topf geben und zudecken.

Wenn der Spinat zusammengefallen ist, den Deckel abnehmen und das noch vorhandene Wasser verdunsten lassen. Spinat auf ein Arbeitsbrett geben, gegebenenfalls etwas ausdrücken und dann fein hacken. Kräuter waschen, hacken und in einer Schüssel mit dem Ricotta vermischen. Parmesan und den gehackten Spinat unterrühren.

Am besten eine schwere Gusseisenpfanne auf mittlere Hitze aufheizen und nur wenig Butter hineingeben. Den Teig nochmals umrühren und gerade so viel in die Pfanne gießen, dass sie überall gleichmäßig bedeckt ist. Die Crespelle auf jeder Seite etwa 1 Minute backen, bis sie goldgelb sind.

Die Ricotta-Spinat-Füllung auf den Crespelle verteilen und die Crespelle zu Dreiecken zusammenklappen. In einer ofenfesten Form dachziegelartig übereinanderschichten und mit der Béchamel übergießen.

Zum Schluss noch etwas geriebenen Parmesan und eine Handvoll getrocknete Brotkrumen darüberstreuen und bei 180 °C für 20–30 Minuten im Ofen überbacken, bis die Crespelle an der Oberfläche goldbraun sind. Heiß servieren.

Chennaküchlein

Indien

Zutaten
für ca. 12 Stück

Chenna
- 2 l Milch
- 5 EL Zitronensaft

Küchlein
- 350 g Chenna
- 1 Knoblauchzehe
- 1 grüne Chilischote (Jalapeño)
- 1 EL frische, gehackte Minze
- ½ TL gemahlener Kreuzkümmel
- ½ TL gemahlener Koriander
- 1 Prise Salz

- reichlich Öl zum Backen

Nährwert pro Stück

Eiweiß	9,5 g
Kohlenhydrate	9,3 g
Fett	9,3 g
Kilokalorien	160

Zubereitung

Die Milch aufkochen und den Zitronensaft zur kochenden Milch geben. Den Topf vom Herd ziehen und mit einem Kochlöffel langsam rühren, während der Quark (Topfen) ausflockt. Wenn die Flocken sehr klein sind, etwas mehr Zitronensaft zugeben und dann den Topf 10 Minuten stehen lassen.

Den Quark in ein feuchtes Mulltuch schöpfen und kurz mit lauwarmem Wasser spülen. Das Tuch zuknoten und den Quark etwas ausdrücken. Dann 1 ½ Stunden zum Abtropfen aufhängen.

Für die Küchlein Knoblauch, Chilischote (ohne Kerne) und Minze fein hacken. Den Chenna etwas kneten, bis er geschmeidig wird. Dann die Kräuter und die Gewürze dazugeben und nochmals kneten.

Aus der Quarkmischung kleine Küchlein formen. Wenn sie einen Karai oder einen Wok zur Hand haben, können Sie die Chennaküchlein darin zubereiten. Ansonsten geht es auch mit einer tiefen Pfanne. Reichlich Öl erhitzen und dann die Chennaküchlein von beiden Seiten je 1 Minute knusprig backen. Die fertigen Küchlein im Ofen bei 60 °C warm halten.

Apropos

Chenna ist indischer Quark (Topfen), ähnlich wie Panir, nur etwas weicher. Wenn Sie Panir machen wollen, lassen Sie den Quark 3 Stunden hängen und pressen ihn dann für 1 ½ Stunden.

Apropos

Für Vhutetwe wird feines, raffiniertes Maismehl verwendet. Durch das Raffinieren wird das Maismehl so hell wie Weizenmehl. Maisgrieß für Polenta ist vor allem in italienischen Küchen gebräuchlich. Feines Maismehl gibt es in mexikanischen oder orientalischen Geschäften.

Vhutetwe
Südafrika

Zutaten
für 12 Stück

- 250 g feines Maismehl
- 1 l Wasser
- ½ TL Salz

Nährwert pro Stück

Eiweiß	1,7 g
Kohlenhydrate	15,2 g
Fett	0,6 g
Kilokalorien	74

Zubereitung

Das Wasser aufkochen, leicht salzen und die Hitze reduzieren. Das Maismehl in einem dünnen Strahl ins Wasser rieseln lassen und mit einem Schneebesen rühren, damit sich keine Klümpchen bilden. Der Brei wird gleich etwas dicker. Dann mit einer stabilen Holzkelle weiterrühren, bis keine Klümpchen mehr im Brei sind.

Nach etwa 20 Minuten ist der Brei gar. Direkt aus dem Topf in etwa 1 cm dicke Fladen auf einen Teller gießen. Nach jedem Fladen ein bisschen warten, damit sich eine Haut bilden kann und die Fladen nicht mehr zusammenkleben, wenn sie aufeinander zu liegen kommen.

Das ist ein typisches Gericht bei den Venda im Norden Südafrikas. Dazu gibt es traditionellerweise Mukusule-Eintopf aus grünem Blattgemüse.

Afrika und Indien

Mukusule

1 Handvoll Erdnüsse, ½ TL Salz, ½ TL Kümmel, etwas gemahlener Koriander, gemahlene Muskatnuss sowie Pfeffer in einem Topf kurz anrösten und dann 4 EL Butter dazugeben. 1 Zwiebel schälen und fein hacken und in der Butter anschwitzen. Währenddessen je 500 g Blattspinat und Mangold waschen, grob hacken und zusammen mit der Zwiebel im geschlossenen Topf dünsten, bis die Blätter zusammengefallen sind.

Khobz

Marokko

Zutaten

für ca. 8 Stück

- 200 g Weizenmehl
- 50 g Maismehl
- 150 ml lauwarmes Wasser
- ½ TL Puderzucker
- ½ TL Salz
- 1 TL Trockenhefe
- ½ TL edelsüßes Paprikapulver
- 1 EL Öl
- 1 Ei
- 2 EL Sesamsamen

Nährwert pro Stück

Eiweiß	4,6 g
Kohlenhydrate	23,4 g
Fett	4,1 g
Kilokalorien	150

Variante
Pitabrot

Zubereitung

Diese marokkanischen Sesam-Galettes werden im Backofen gebacken. Dafür zunächst aus einem Viertel des Weizenmehls, dem Zucker, dem Salz, der Hefe und dem Wasser einen Vorteig rühren und für etwa 30 Minuten zugedeckt an einen warmen Ort stellen, bis er schäumt.

Den Rest des Weizenmehls sowie das Maismehl, das Paprikapulver und das Öl in den Vorteig einrühren und daraus einen geschmeidigen, glatten Teig kneten. Den Teig nochmals ca. 30 Minuten zugedeckt an einem warmen Ort gehen lassen.

Aus dem Teig 8 Kugeln formen und mit dem Nudelholz zu etwa 12 cm großen Kreisen ausrollen. Die Hälfte der Galettes auf ein gefettetes Blech legen, mit dem leicht geschlagenen Ei bepinseln und darauf die Sesamsamen verteilen. Im Ofen bei 180 °C ungefähr 12 Minuten backen, bis sie aufgegangen sind. Mit den restlichen Galettes genauso verfahren.

Für 8 Brote 250 g Weizenmehl, 150 ml lauwarmes Wasser, ½ TL Puderzucker, ½ TL Salz, 1 TL Trockenhefe und 1 EL Olivenöl am besten mithilfe einer Küchenmaschine zu einem elastischen Teig kneten, zu einer Kugel formen und zugedeckt an einem warmen Ort aufgehen lassen, bis er sein Volumen verdoppelt hat. Teig nochmals durchkneten, in 8 gleich große Stücke teilen und jedes zu einem etwa 5 mm dicken Fladen ausrollen. Auf ein gefettetes Backblech legen und gut mit Wasser bestreichen. Im Ofen bei 250 °C knapp 5 Minuten zu Ballons aufblähen lassen. Die Brote sind zwar noch nicht braun, aber jetzt schon fertig. Am besten unter einem Tuch abkühlen lassen, damit sie weich bleiben. Wenn sie etwas abgekühlt sind, eventuell auf einer Seite aufschneiden und mit Falafel, Tomaten, Salat und Tahina füllen.

Baghrir

Marokko

Zutaten
für ca. 10 Stück

Teig
- 150 g feiner Weizengrieß
- 25 g Weizenmehl
- 1 TL Backpulver
- ½ TL Trockenhefe
- ½ TL Salz
- ½ TL Puderzucker
- 300 ml lauwarmes Wasser

Füllung
- 200 g Butter
- 100 g Honig

- Butter zum Backen

Nährwert pro Stück

Eiweiß	2,1 g
Kohlenhydrate	20,6 g
Fett	19,3 g
Kilokalorien	262

Zubereitung

Hefe im lauwarmen Wasser auflösen. In einer großen Schüssel Grieß, Mehl, Backpulver, Salz sowie Puderzucker mischen und lauwarmes Wasser dazugießen, bis ein dickflüssiger Teig entsteht. Den Teig mit einem Schneebesen einige Minuten schlagen und dann an einem warmen Ort zugedeckt 1 Stunde aufgehen lassen. Wenn der Teig schaumig ist, kann er weiterverarbeitet werden.

In einer Pfanne Butter bei mäßiger Hitze ein wenig schmelzen lassen. Den Teig nochmals gründlich umrühren und etwa 4 gehäufte EL davon in die Pfanne geben. Den Teig mit dem Rücken eines Löffels zu einer runden Scheibe (Ø ca. 12 cm) verstreichen. Die Baghrir backen, bis sich auf der Oberfläche kleine Löcher bilden.

Die Baghrir werden nur auf einer Seite gebacken. Zum Auskühlen mit der gebackenen Seite nach unten auf ein sauberes Küchentuch legen, damit sie nicht ankleben. Erst stapeln, wenn sie ausgekühlt sind.

Wenn der Teig verbraucht ist, die Füllung zubereiten. Dafür die Butter in der Pfanne schmelzen und den Honig dazugeben. Beides vermischen, die Baghrir damit bestreichen und sofort servieren.

Afrika und Indien

Apropos

Die Baghrir heißen in Marokko auch Mille-Trous, weil sich beim Backen auf ihrer Oberfläche viele kleine Löcher bilden.

M'semen

Marokko

Zutaten

für 12 Stück

- 500 g Weizenmehl
- 1 TL Trockenhefe
- 1 TL Salz
- 250 ml lauwarmes Wasser
- 50 g Butter
- 2 EL Erdnussöl

Nährwert pro Stück

Eiweiß	0,3 g
Kohlenhydrate	0,75 g
Fett	5,1 g
Kilokalorien	49

Zubereitung

Mehl und Salz in einer Schüssel vermischen. Hefe im lauwarmen Wasser auflösen und 30 Minuten stehen lassen, bis die Masse schäumt. Die aufgelöste Hefe nach und nach in die Schüssel zum Mehl gießen. Zu einem Teig vermischen und kneten, bis er fest und elastisch geworden ist. Den Teig etwa 15 Minuten gehen lassen. Unterdessen die Butter zerlassen und mit dem Erdnussöl vermischen.

Den Teig in 12 Kugeln teilen und diese jeweils zu einem ca. 20 x 30 cm großen Rechteck ausrollen. Die Teigfladen der Länge nach einmal zusammenklappen. Dann die Rechtecke der Breite nach zweimal zur Mitte hin zu Quadraten zusammenfalten (wie beim Blätterteig). Die Pfannkuchen vorsichtig flach drücken und mit der zerlassenen Butter bestreichen.

Die M'semen in einer Pfanne auf beiden Seiten etwa 5 Minuten bei mäßiger Hitze goldbraun backen. Die fertigen M'semen im Ofen (60 °C) warm halten. Zum Schluss mit Butter bestrichen und lauwarm oder kalt zu Minztee servieren.

Marokkanischer Minztee

1 ½ l Wasser zum Kochen bringen. Mit etwas kochendem Wasser die Teekanne ausschwenken und das Wasser auf etwa 80 °C abkühlen lassen. 2 TL grünen Tee (Gunpowder) in die Teekanne geben und mit einem kleinen Teil des kochenden Wassers aufgießen. Den ersten Aufguss wegschütten.

2 Handvoll frische Minzeblätter mit 8 Stück Würfelzucker zum Tee in die Kanne geben. Dann das restliche heiße Wasser in die Teekanne füllen und den Tee einige Minuten ziehen lassen. Die Teegläser jeweils etwa halb voll füllen, möglichst mit einigem Abstand zum Glas, damit der Tee schäumt. Damit die Teegläser beim Einfüllen des heißen Wassers nicht springen, vorher Teelöffel aus Metall in die Gläser stellen.

Chapati

Tansania

Zutaten

für ca. 12 Brote

- 350 g Chapatimehl (Atta- oder Weizenvollkornmehl)
- 2 EL Ghee (geklärte Butter)
- 200 ml Wasser
- 1 TL Salz

Nährwert pro Stück

Eiweiß	2,9 g
Kohlenhydrate	20,6 g
Fett	1,9 g
Kilokalorien	113

Zubereitung

Mehl und Salz in einer Schüssel vermischen. Ghee und Wasser dazugießen und das Ganze zu einem weichen glatten Teig kneten. Zu einer Kugel formen und unter einem feuchten Tuch oder luftdicht verschlossen ungefähr 30 Minuten ruhen lassen. Anschließend den Teig in 12 gleich große Kugeln teilen und zu ca. 15 cm großen Fladen ausrollen.

Die Fladen in einer Pfanne ohne Fett bei mittlerer Hitze nacheinander auf beiden Seiten jeweils 1 Minute hellbraun backen. Die Chapati in einer Schüssel zugedeckt aufbewahren, damit sie nicht austrocknen.

Ghee ist geklärte Butter. Dafür Butter in einer Pfanne auf kleinster Flamme 20 Minuten köcheln lassen, bis sich die Schwebstoffe abgesetzt haben und die Butter goldgelb ist. Durch ein feines Sieb in ein Schraubglas gießen und bei Zimmertemperatur oder im Kühlschrank aufbewahren.

Afrika und Indien

Apropos

Die ostafrikanische Küche ist stark von indischen Einwanderern geprägt. Chapati gibt es in Tansania und auch in Indien zu praktisch jedem Essen. Von den Broten werden Stücke abgerissen und anstelle einer Gabel benutzt, um das Gemüse- oder Fleischcurry zu essen, das es dazu gibt.

Injeras

Äthiopien

Zutaten

für ca. 12 Stück

- 50 g Hirsemehl
- 100 g Weizenmehl
- 250 ml Wasser
- ½ TL Trockenhefe
- 1 Prise Salz

- Öl zum Backen

Nährwert pro Stück	
Eiweiß	1,2 g
Kohlenhydrate	9,2 g
Fett	2,6 g
Kilokalorien	65

Zubereitung

Die beiden Mehle mit der Trockenhefe und dem Salz vermischen. Lauwarmes Wasser dazugießen und mit dem Schneebesen einen flüssigen Teig schlagen. 1 Stunde zugedeckt stehen lassen. Nochmals umrühren und den Teig eventuell nochmals mit 50 ml Wasser verdünnen, damit er flüssiger wird.

Eine Pfanne auf mittlere Hitze erwärmen und mit etwas Öl ausreiben. Einen kleinen Schöpflöffel Teig dünn in der Pfanne verteilen. Die Injeras gehen gleich etwas auf und werden auf einer Seite etwa 2 ½ Minuten gebacken. Dabei entstehen auf der Oberfläche Löcher. Die Injeras sind fertig, wenn die Oberfläche trocken ist. Auf einem Teller auskühlen lassen.

Apropos

Injeras sind das tägliche Brot in Äthiopien, das zu jeder Mahlzeit serviert wird. Anders als typische Pfannkuchen entwickelt sich ihr Geschmack erst nach und nach und sie schmecken am zweiten Tag besser als am ersten.

Variante
Lahoh

Auf der anderen Seite des Roten Meers gibt es eine ganz ähnliche Zubereitung nur mit Weizenmehl. Im Jemen wird der Brotteig aus 150 g Weizenmehl, 250 ml Wasser, ½ TL Trockenhefe und etwas Salz gemischt. Der Teig für Lahoh wird über Nacht stehen gelassen und dann wie Injeras gebacken.

Jaffna dosai

Sri Lanka

Zutaten
für ca. 8 Stück

Teig
- 100 g Reis (Patna oder Basmati)
- 100 g Mungbohnen
- ½ TL Backpulver
- 1 TL Salz

Masala
- 1 Zwiebel
- 2 getrocknete rote Chilischoten
- ½ TL schwarze Kümmelsamen
- ½ TL Senfsamen
- 1 TL Currypulver
- 1 EL Öl

- Öl zum Backen

Nährwert pro Stück

Eiweiß	4,0 g
Kohlenhydrate	15,6 g
Fett	4,2 g
Kilokalorien	117

Zubereitung

Zunächst Reis und Bohnen getrennt über Nacht in Wasser einweichen. Die verfärbten Bohnen aussortieren. Wasser abschütten und Reis sowie Bohnen zusammen mit etwa 200 ml frischem Wasser zu einem flüssigen Brei pürieren. Backpulver in den Brei rühren. Die Schüssel luftdicht verschließen und den Teig 24 Stunden zum Gären an einen warmen Ort stellen.

Für das Masala die gehackte Zwiebel, Chilischoten (mit oder ohne Kerne), schwarzen Kümmel und Senfsamen kurz in etwas Öl rösten. Zum Schluss Curry dazugeben. Die abgekühlte Mischung mit etwas Salz in den Teig mischen.

Eine Pfanne leicht einfetten. Den Teig darin dünn verteilen und die Dosai bei mäßiger Hitze auf beiden Seiten jeweils 2 Minuten backen. Die fertigen Dosai unter einem feuchten Tuch aufbewahren. Vor dem Servieren nochmals kurz auf beiden Seiten in der heißen Pfanne aufheizen.

Dazu passt ein **Kokosnuss-Sambal** ganz ausgezeichnet. Dafür 1 fein gehackte Zwiebel, 100 g frische Kokosraspeln, 2 scharfe grüne Chilischoten, den Saft von ½ Limette und ½ TL Salz in einem Mörser oder mithilfe eines Pürierstabs zu einer Paste verarbeiten.

Apropos

Die Jaffna dosai sind in Sri Lanka sehr beliebt. Auf dem indischen Festland gibt es ganz ähnliche gefüllte Pfannkuchen, die Masala dosa (Rezept siehe Seite 58).

Afrika und Indien

Masala dosa

Indien

Zutaten

für ca. 12 Stück

Teig
- 150 g Patna- oder Basmatireis
- 150 g Urdbohnen (alternativ grüne oder braune Linsen)
- 1 frische rote Chilischote
- 1 TL Feinkristallzucker
- 1 TL Salz

Füllung
- 750 g festkochende Kartoffeln
- 2 Zwiebeln

Masala
- 1 daumengroßes Stück Ingwer
- 1 frische rote Chilischote
- 1 Handvoll Kokosraspeln
- 2 TL Kreuzkümmelsamen
- 2 TL schwarze Senfsamen
- 1 TL gemahlene Kurkuma
- 1 Handvoll frischer Koriander
- 1 TL Salz

- Ghee zum Backen (siehe Seite 55)

Zubereitung

Reis und Bohnen getrennt über Nacht in Wasser einweichen. Vorher die verfärbten Bohnen aussortieren. Wasser abgießen und Reis sowie Bohnen zusammen mit etwa 300 ml frischem Wasser zu einem feinkörnigen Brei pürieren. Chilischote fein hacken und zusammen mit Zucker und Salz in den Brei rühren. Schüssel luftdicht verschließen und den Teig 1 Tag an einem warmen Ort gären lassen.

Kartoffeln in der Schale weich kochen, schälen und mit einer Gabel zerdrücken. Zwiebeln in dünne Ringe schneiden und bei mittlerer Hitze in etwas Ghee braun anbraten.

Ingwer reiben und mit der fein gehackten Chilischote, den Kokosraspeln und etwas Wasser zu einem dickflüssigen Brei mischen. Kreuzkümmel- und Senfsamen kurz rösten, dann mörsern. Ingwermischung dazugeben und bei mittlerer Hitze 1 Minute in Ghee anbraten. Kurkuma, gehackten Koriander und Salz zufügen. Die Kartoffeln und die gerösteten Zwiebeln in der Gewürzmischung 2 Minuten warm werden lassen und dabei gut vermischen.

Der Teig riecht nach dem Gären relativ streng, aber beim Backen verliert sich das. Eine Pfanne mit 1 TL Ghee einfetten, 5 EL dickflüssigen Teig in der Pfanne glatt streichen und bei mittlerer Hitze 2 Minuten backen. Wenden und nochmals etwa ½ Minute backen.

Pfannkuchen auf einen Teller geben. Auf der goldbraun gebackenen Seite 2 EL der Füllung verteilen und einmal zusammenklappen. Mit dem restlichen Teig ebenso verfahren. Die gefalteten Masala dosa vor dem Servieren nochmals kurz auf beiden Seiten backen.

Nährwert pro Stück

Eiweiß 3,0 g
Kohlenhydrate 21,6 g
Fett 2,9 g
Kilokalorien 126

Blinis

Russland

Zutaten

für ca. 24 Stück

- 120 g Buchweizenmehl
- 200 ml Wasser
- 275 ml Milch
- 1 ½ TL Trockenhefe
- 2 Eier
- 1 TL Feinkristallzucker
- ½ TL Salz
- 4 EL Butter

- Butter zum Backen

Nährwert pro Stück

Eiweiß	1,6 g
Kohlenhydrate	4,8 g
Fett	3,1 g
Kilokalorien	53

Zubereitung

Zunächst einen Vorteig zubereiten. Dafür die Hälfte der Milch aufkochen und mit dem Wasser vermischen. Wenn die Flüssigkeit lauwarm ist, die Hefe und das Buchweizenmehl einrühren und die Schüssel zudecken. Den Teig am besten über Nacht in den Kühlschrank stellen, mindestens aber 30 Minuten ruhen lassen.

Eier trennen und Eigelb schaumig schlagen. Dann Zucker, Salz sowie restliche Milch dazugeben und gründlich vermischen. Diese Mischung in den Vorteig rühren und nochmals 30–45 Minuten gehen lassen.

Währenddessen die Butter schmelzen und etwas abkühlen lassen. Das Eiweiß zu weichem Schnee schlagen und unter den Teig heben. Danach die flüssige Butter einrühren.

Eine schwere Pfanne auf mäßige Hitze erwärmen und mit Butter einreiben. Wenn die Pfanne heiß ist, jeweils 2–3 EL Teig in die Pfanne setzen und die Blinis backen (Ø ca. 10 cm). Wenn sich an der Oberfläche kleine Löcher bilden, die Blinis umdrehen und backen, bis sie hellbraun sind. Auf einen Teller stapeln und im Backofen (60 °C) warm halten.

Apropos

Babette serviert im Film zu ihrem Fest „Blinis Demidoff mit Veuve Clicquot". Aber Blinis schmecken auch ohne Kaviar und Champagner. Typisch sind flüssige Butter, saure Sahne, geräucherte Bücklinge, eingelegte Heringe, Zwiebelringe und hart gekochte Eier mit Kapern. Traditionellerweise gibt es unter keinen Umständen Fleisch zu Blinis.

Kue emping

Indonesien

Zutaten

für ca. 8 Stück

Teig
- 100 g Weizenmehl
- 1 TL Backpulver
- 1 EL Feinkristallzucker
- 1 Prise gemahlener Zimt
- ½ TL Salz
- 125 ml Milch
- 125 ml Wasser
- 1 Ei
- 1 EL Öl

Füllung
- 100 g Erdnusskerne
- 4 EL Sesamsamen
- 4 EL Feinkristallzucker

- Öl zum Backen

Nährwert pro Stück

Eiweiß	6,5 g
Kohlenhydrate	18,4 g
Fett	14 g
Kilokalorien	225

Zubereitung

Für die Füllung zunächst Erdnusskerne und Sesamsamen mithilfe eines Pürierstabs oder Mörsers zerkleinern und ohne Fett in einer Pfanne 2 Minuten rösten. Danach den Zucker untermischen.

Für den Teig die trockenen Zutaten in einer Schüssel mischen. Milch und Wasser mit dem Schneebesen einrühren und zum Schluss Ei und Öl in den flüssigen Teig schlagen.

In einer Pfanne etwas Öl erhitzen und einen Schöpflöffel Teig hineingießen. Zu einer dünnen Schicht verlaufen lassen und 2–3 Minuten bei mäßiger bis mittlerer Hitze backen. Dann 2 EL der Erdnuss-Sesam-Mischung darauf verteilen. Den Pfannkuchen zugedeckt etwa 5 Minuten backen. Die Hitze sollte nicht zu hoch sein, damit der Pfannkuchen Zeit hat aufzugehen, oben durch ist und unten nicht anbrennt. Die fertigen Pfannkuchen zusammenklappen und im Ofen bei 60 °C warm halten, bis alle Pfannkuchen zubereitet sind.

Apropos

Wenn Sie sich das Rösten der Kerne und Samen ersparen wollen, können Sie die Füllung auch aus Erdnussbutter und etwas Tahina zubereiten. Dazu geben Sie ebenfalls ein wenig Zucker, je nach Geschmack.

Roti jala

Malaysia

Zutaten

für ca. 12 Stück

- 150 g Weizenmehl
- 250 ml Kokosmilch
- 150 ml Wasser
- 1 Ei
- ½ TL Kurkuma
- 1 Prise Salz

Nährwert pro Stück

Eiweiß	1,9 g
Kohlenhydrate	9,9 g
Fett	0,8 g
Kilokalorien	55

Zubereitung

Kurkuma im Wasser auflösen und mit der Kokosmilch vermischen. Die Kokosmilch in das Mehl gießen und mit dem Schneebesen einen glatten Teig schlagen. Ei und etwas Salz hineingeben und weiterschlagen, bis sich ein sämiger Teig gebildet hat. Eventuell Wasser nachgießen.

Eine möglichst große Pfanne leicht einfetten und auf mäßige Hitze erwärmen. 4 EL Teig in einen Dressiersack mit kleinster Tülle füllen und in kreisenden Bewegungen ein netzartiges Muster in die Pfanne spritzen. Das Roti jala 2 Minuten setzen lassen und dann mit einem Spatel vom Pfannenboden lösen. Nun entweder 3–4 Mal zusammenklappen oder die Seiten zur Mitte hin falten und aufrollen.

Asien

Apropos

In Malaysia wird zum Eingießen des Teigs häufig ein spezieller Trichter verwendet. Er ist mit kleinen Löchern versehen, sodass unter kreisenden Bewegungen das gewünschte Muster entsteht. Roti jala gibt es anstelle von Reis zu malaysischen Currygerichten.

Date-Maki-Sushi

Japan

Zutaten

für ca. 6 Makirollen

Omeletts
- 4 Eier
- 4 EL Mineralwasser mit Kohlensäure
- 1 EL Mirin
- 2 EL Sake
- 1 Prise Salz

Makirollen
- 250 g Rundkornreis
- 50 ml Sushi-Essig
- 6 Omeletts
- 200 g roher Fisch, Meeresfrüchte oder Gemüse als Füllung
- Noriblätter zum Zusammenbinden

Apropos

Sake und Mirin sind japanische Reisweinsorten. Mirin schmeckt süßer und hat weniger Alkohol.

Zubereitung

Alle Zutaten für die Omeletts in einer Schüssel verquirlen. Aus dem Teig bei mittlerer Hitze 6 dünne Omeletts backen. Auf einem Teller auskühlen lassen und auf die Größe von Noriblättern zuschneiden.

Den Reis gründlich waschen, das Wasser abschütten und den Reis 1 Stunde quellen und trocknen lassen. Mit doppelt so viel Wasser zugedeckt zum Kochen bringen. Nach 2 Minuten die Hitze reduzieren und 5 Minuten bei mittlerer Hitze kochen lassen. Bei niedrigster Flamme in 15 Minuten weich kochen, vom Herd nehmen und zugedeckt weitere 15 Minuten quellen lassen.

In eine große Schüssel geben und den Sushi-Essig zugießen. Es kann auch Apfel- oder Weißweinessig mit Feinkristallzucker (Verhältnis 1:1) und etwas Salz vermischt werden. Mit einem Schöpflöffel Reis und Essig in einer Schüssel wenden, um den Reis abzukühlen, zu lockern und die Reiskörner voneinander zu trennen.

Ein zugeschnittenes Omelett auf eine Bambusmatte legen und etwa 1 cm dick mit Reis bestreichen. Damit der Reis nicht klebt, Spatel, Messer und Hände feucht halten. Oben einen Rand von ca. 1 cm freilassen.

Darauf etwas Füllung aus in Streifen geschnittenem Gemüse, Fisch oder Meeresfrüchten legen. Mithilfe der Bambusmatte das Omelett aufrollen, etwas stramm ziehen, den überstehenden Teil leicht anfeuchten und die Rolle etwas zusammendrücken.

Omeletts halbieren und dann dritteln. Jede Rolle mit einem Streifen Noriblatt zusammenbinden. Auf einem Teller zugedeckt beiseitestellen, bis serviert wird.

Nährwert pro Stück

Eiweiß	2,2 g
Kohlenhydrate	5,7 g
Fett	0,8 g
Kilokalorien	40

Bo bing
China

Zutaten
für ca. 16 Stück

- 250 g Weizenmehl
- 200 ml Wasser
- 2 TL Sesamöl

- etwas Mehl für die Arbeitsplatte
- etwas Sesamöl zum Bestreichen

Nährwert pro Stück

Eiweiß	1,6 g
Kohlenhydrate	11,9 g
Fett	2,0 g
Kilokalorien	73

Apropos
Bo Bing gibt es traditionell zu Pekingente oder Mushu-Schweinefleisch. Kleine Fleischportionen werden in die Pfannkuchen eingerollt und aus der Hand gegessen.

Zubereitung

Das Wasser zum Kochen bringen und das Sesamöl dazugießen. Währenddessen das Mehl in eine Schüssel sieben und dann das kochende Wasser nach und nach ins Mehl rühren. Den Teig auf einer bemehlten Arbeitsplatte einige Minuten kneten, bis er geschmeidig ist und nicht mehr klebt. Eventuell etwas mehr Mehl dazugeben. Den Teig zu einer Kugel formen und zugedeckt 30 Minuten ruhen lassen.

Dann auf der leicht bemehlten Arbeitsplatte eine Rolle (ca. 3 cm dick) formen und in 16 Teile schneiden. Die Teigstücke mit der Handfläche zu runden Fladen drücken. Jeweils eine Seite der Fladen mit Sesamöl bestreichen, immer 2 zusammenkleben und zu etwa 15 cm großen Pfannkuchen ausrollen.

In einem ungefetteten Wok oder einer Pfanne die Pfannkuchen bei mittlerer Hitze auf jeder Seite 1 Minute backen, bis sie Blasen werfen. Die Bo Bing herausnehmen und die zwei Teigstücke wieder voneinander trennen. Mit einem Küchentuch abgedeckt auf einem Teller stapeln, bis alle Bo Bing fertig sind.

Vor dem Servieren die Pfannkuchen 5 Minuten in einem Sieb oder Bambuskörbchen über dem mit etwas kochendem Wasser gefüllten Wok oder der Pfanne dämpfen.

Asien

Gamjajun

Korea

Zutaten

für ca. 4 Stück

- 400 g festkochende Kartoffeln
- 2 rote Chilischoten
- 1 TL Salz
- 4 EL Öl zum Backen

Nährwert pro Stück

Eiweiß	2,2 g
Kohlenhydrate	15,2 g
Fett	5,3 g
Kilokalorien	119

Zubereitung

Die Kartoffeln schälen und fein reiben. Die Flüssigkeit aus dem Kartoffelmus drücken. Von der Chilischote einige Scheibchen zurückbehalten, den Rest fein hacken und mit etwas Salz unter das Kartoffelmus mischen.

In einer Pfanne etwas Öl erhitzen und je 4 gehäufte EL Kartoffelmasse in der Pfanne flach drücken und zu einem Pfannkuchen verteilen.

Bei mittlerer Hitze backen, bis die Jun (Pfannkuchen) eine hellbraune Farbe angenommen haben. Umdrehen, mit den Chilischeibchen dekorieren und nochmals 2 Minuten backen.

Ich empfehle zwei Bratpfannen zu verwenden und je 2 Stück darin gleichzeitig zuzubereiten. Dazu servieren Sie am besten Sojasoße.

Variante
Boxty

Für diese irische Spezialität 400 g Kartoffeln zur Hälfte zu Kartoffelpüree kochen und die andere Hälfte fein reiben. 150 g Weizenmehl und 1 TL Natron dazugeben. Nach und nach 400 ml Buttermilch und 4 EL flüssige Butter dazugießen und mithilfe eines Schneebesens einen dickflüssigen Teig schlagen. Mit je 1 TL Salz und Pfeffer würzen. Anstelle von Buttermilch und Natron kann auch Milch und Backpulver verwendet werden.

In einer Pfanne Butter zerlassen und jeweils 4 EL Teig in der Pfanne zu großen dicken Pfannkuchen verstreichen. Bei mittlerer Hitze die Boxty auf jeder Seite 3 Minuten backen. Fertige Boxtys im Ofen warm halten. Dazu gibt es knusprig gebratene Speckscheiben.

Bánh xèo

Vietnam

Zutaten
für ca. 12 Stück

Teig
- 150 g Reismehl
- 300 ml Kokosmilch
- 50 ml Wasser
- 1 TL Kurkuma
- 1 TL Fischsoße (Nuoc Mam)
- 1 TL Salz, 1 Ei
- 1 Frühlingszwiebel

Füllung
- 250 g Garnelen
- ½ Limette
- 250 g Schweinegeschnetzeltes
- je ½ TL Salz und Pfeffer
- 1 TL Feinkristallzucker
- 200 g Bohnensprossen

Soße
- 200 ml Wasser
- 4 EL süße Chilisoße
- 2 EL Zucker
- 2 EL Fischsoße
- ½ Limette
- 1 Knoblauchzehe

Nährwert pro Stück

Eiweiß	8,9 g
Kohlenhydrate	17,3 g
Fett	3,6 g
Kilokalorien	140

Zubereitung

Für den Teig zunächst Kurkumapulver im Wasser auflösen und mit der Kokosmilch zum Reismehl gießen. Salz, Fischsoße und das geschlagene Ei in den Teig rühren. Die Frühlingszwiebel sehr fein hacken und dazugeben. Der Teig sollte flüssig sein (gegebenenfalls mit Wasser verdünnen). 30 Minuten quellen lassen.

In der Zwischenzeit das Geschnetzelte mit Salz, Pfeffer und Zucker vermischen und 30 Minuten ziehen lassen. Danach im heißen Wok 5 Minuten pfannenrühren. Die Garnelen schälen, den Darm entfernen, mit Limettensaft beträufeln und ebenfalls im heißen Wok 3 Minuten pfannenrühren. Die Bohnensprossen einige Sekunden in siedendem Wasser blanchieren und abtropfen lassen.

Einen Wok oder eine Pfanne leicht einfetten und auf mittlere Hitze aufheizen. Für eine etwa 22 cm große Pfanne 4 EL Teig einfüllen und jeden Pfannkuchen nur auf einer Seite etwa 1 Minute backen.

Dann jeweils etwas Fleisch, Garnelen und Bohnensprossen in der Mitte verteilen, zusammenklappen und für ½ Minute den Deckel auflegen und dünsten. Dann die Bánh xèo möglichst gleich servieren.

Dazu servieren Sie einen Wintersalat, wenn möglich Romainesalat. Von den Bánh xèo mit den Essstäbchen kleine Stücke abreißen, zusammen mit frischem Basilikum in Salat einwickeln und in eine verdünnte Chili-Fisch-Soße dippen.

Asien

Tamago

Japan

Zutaten

für ca. 8 Stück

- 75 ml Dashi
- 75 g Feinkristallzucker
- 1 ½ TL Sojasoße
- 1 ½ TL Sake
- ½ TL Salz
- 5 Eier

- Öl zum Backen
- 1 Noriblatt
- etwas Daikon (weißer Rettich)

Nährwert pro Stück

Eiweiß	5,6 g
Kohlenhydrate	2,8 g
Fett	8,6 g
Kilokalorien	112

Apropos

Tamago wird traditionell als Dessert nach einer Sushi-Mahlzeit serviert. Es gibt aber auch Tamago als Belag für Nigiri-Sushi. In beiden Fällen wird das Omelett mit einem Streifen Noriblatt „gesichert".

Zubereitung

Für den Omelettteig Dashi, Zucker und Gewürze auf schwacher Hitze rühren, bis sich der Zucker aufgelöst hat. Die Brühe abkühlen lassen. Eier schlagen, möglichst ohne allzu viele Luftblasen zu erzeugen, und mit der Brühe vermischen.

Eine Pfanne leicht einölen und auf mittlere Hitze aufheizen. ¼ der Eierbrühe in die Pfanne gießen und gleichmäßig verlaufen lassen. Die großen Luftblasen mit einem Essstäbchen aufstechen und das Omelett backen, bis es zu stocken beginnt.

Das Omelett in der Mitte zusammenklappen. Die freie Hälfte der Pfanne einölen, das Omelett daraufschieben und dann die andere Pfannenhälfte einölen. Ein weiteres ¼ des Teigs auf die freie Pfannenhälfte gießen und mithilfe der Essstäbchen den gestockten Teil etwas anheben, damit die flüssige Eierbrühe darunterlaufen kann.

Sobald das Omelett leicht gestockt ist, zusammenklappen, Pfanne einölen und wieder ¼ des Teigs in die Pfanne gießen. Mit dem letzten ¼ genauso verfahren. Das Tamago zum Schluss leicht anbraten und dann auf einem Brett auskühlen lassen.

Das Tamago in 8 etwa gleich große rechteckige Ziegel schneiden. Die Tamagostücke in der Mitte mit einem Noristreifen umwickeln und mit etwas geriebenem Daikon garnieren. Pro Person werden 2 Stücke als Dessert serviert.

Apropos

Am besten formen Sie die Roti in zwei Arbeitsgängen. Rollen Sie zuerst mit dem Nudelholz etwa 15 cm große Fladen aus. Dann stapeln Sie zunächst alle aufeinander. Bevor das Roti in die Pfanne kommt, den Teig mit der Hand vorsichtig auseinanderziehen.

Roti

Thailand

Zutaten

für ca. 12 Stück

Teig
- 250 g Weizenmehl
- ½ TL Salz
- 2 EL Feinkristallzucker
- 2 EL Ghee (siehe Seite 55)
- 100 ml Wasser

Füllung
- 2 Bananen
- 50 ml gesüßte Kondensmilch

- Ghee zum Backen

Nährwert pro Stück

Eiweiß	2,6 g
Kohlenhydrate	22,7 g
Fett	3,3 g
Kilokalorien	132

Zubereitung

Das Mehl auf eine Arbeitsfläche geben und eine Mulde in die Mitte drücken. Salz, Zucker, Ghee und nach und nach Wasser dazugeben und die Zutaten zu einem Teig vermischen. Den Teig einige Minuten kneten, bis er elastisch wird. Dann bei Zimmertemperatur zugedeckt mindestens 1 Stunde, am besten über Nacht stehen lassen.

Den Teig in 12 Kugeln teilen und zu ganz dünnen, etwa 20 cm großen Fladen ausrollen. In Südostasien werden die Roti von Hand geformt, indem die Teigfladen herumgewirbelt werden, bis sie sehr dünn sind. Wenn alle Fladen ausgerollt sind, kann die Füllung zubereitet werden.

Die Bananen in dünne Scheiben schneiden und in gesüßte Kondensmilch legen.

Eine flache Pfanne mit etwas Ghee einfetten und auf mittlere Hitze erwärmen. Einen Roti hineinlegen und 2 EL Bananen-Kondensmilch-Mischung möglichst mittig darauf platzieren. Die Seiten des Fladens über die Mischung schlagen und auf jeder Seite 2 Minuten backen. Fertige Roti im Ofen (60 °C) warm halten.

Varianten

Für Roti gibt es regional unterschiedliche Füllungen. Aus Thailand stammt die Version mit Bananen und Kondensmilch. Typisch sind aber auch Eier, Pilze oder eine Currymischung aus Gemüse oder Fleisch. Bei den Füllungen können Sie Ihrer Fantasie freien Lauf lassen und eventuell Reste vom Vortag (Brathähnchen, Bratkartoffeln, Fruchtsalat) verarbeiten. Oder vielleicht doch lieber ein Roti au chocolat probieren?

Bánh cuón

Vietnam

Zutaten

für ca. 12 Stück

Teig
- 150 g Reismehl
- 75 g Tapiokamehl
- ½ TL Salz
- 1 EL Öl
- 200 ml Wasser

Füllung
- 100 g Hackfleisch vom Schwein
- 100 g Mu-Err-Pilze
- 1 Zwiebel
- 1 EL Fischsoße (Nuoc Mam)
- 1 TL Pfeffer
- ½ TL Salz
- etwas Feinkristallzucker

- Öl zum Backen

Nährwert pro Stück

Eiweiß	2,7 g
Kohlenhydrate	15,7 g
Fett	3,6 g
Kilokalorien	107

Zubereitung

Aus den Zutaten einen flüssigen Teig schlagen.

Falls Sie für die Füllung getrocknete Pilze verwenden, diese zuerst ca. 15 Minuten in etwas lauwarmem Wasser einweichen, ausdrücken und fein hacken. Die Zwiebel ebenfalls fein hacken. Das Hackfleisch anbraten und nach ein paar Minuten die Zwiebel und die Pilze dazugeben. Mit etwas Fischsoße und Pfeffer würzen. Wenn die Zwiebel glasig wird mit Salz und Zucker abschmecken. Die Mischung beiseitestellen, bis die Wraps fertig sind.

Eine Pfanne leicht einfetten und auf mittlere Hitze aufheizen. Einen kleinen Schöpflöffel Teig hineingießen und gleichmäßig verlaufen lassen. Den Deckel aufsetzen und nur auf einer Seite 1 Minute backen. In einer Schüssel zugedeckt warm halten.

Die Nudel auf eine leicht geölte Arbeitsfläche gleiten lassen und vorsichtig 2 EL Füllung darauf verteilen. Von zwei Seiten einklappen und dann aufrollen.

Dazu wird in Vietnam eine verdünnte Chili-Fisch-Soße wie für Bánh xèo (Rezept siehe Seite 71) gereicht. Im südlichen China serviert man dazu warme, gesüßte Sojasoße.

Dadar gulung

Bali

Zutaten

für ca. 12 Stück

Teig
- 200 g Weizenmehl
- 400 ml Kokosmilch
- 4 Eier
- 1 TL grüne Lebensmittelfarbe
- ½ TL Salz

Füllung
- ½ frisch geraspelte Kokosnuss
- 100 g Palmzucker

- Kokosfett zum Backen

Nährwert pro Stück

Eiweiß	4,6 g
Kohlenhydrate	22,3 g
Fett	9,6 g
Kilokalorien	112

Zubereitung

Aus Mehl, Kokosmilch, Eiern, Salz und etwas grüner Lebensmittelfarbe einen cremigen Pfannkuchenteig rühren und 30 Minuten stehen lassen.

Für die Füllung 2 Palmzuckerküchlein in etwas Wasser aufwärmen, bis sie geschmolzen sind. Die Kokosraspeln dazugeben und die Masse bei schwacher Hitze eindicken lassen.

Ein bisschen Teig in einer leicht gefetteten Pfanne verlaufen lassen und bei mittlerer Hitze auf einer Seite 3 Minuten backen. Die andere Seite wird nicht gebacken und ist später außen. Die fertigen Dadar im Ofen (60 °C) warm halten.

Jeweils 2 EL Füllung auf die Pfannkuchen setzen. Dann die Seiten über die Füllung klappen und aufrollen.

Asien

Apropos

Dadar gulung sind gerollte Pfannkuchen auf balinesische Art. Das Besondere daran ist die grüne Farbe, die ursprünglich von Sujiblättern stammt. Der Effekt kann aber auch mit einigen Tropfen grüner Lebensmittelfarbe erreicht werden.

Amerika

Pancakes
USA

Zutaten
für ca. 12 Stück

- 150 g Weizenmehl
- 1 TL Backpulver
- 150 ml Milch
- 1 Ei
- 1 Prise Salz
- eventuell 1 EL Ahornsirup

- 4 EL Butter zum Backen
- Ahornsirup zum Bestreichen

Nährwert pro Stück

Eiweiß	2,3 g
Kohlenhydrate	12,3 g
Fett	4,6 g
Kilokalorien	100

Zubereitung

Alle genannten Zutaten mit einem Schneebesen zu einem glatten Teig schlagen und dann 30 Minuten ruhen lassen, damit er etwas aufquellen kann.

Etwas Butter in einer Pfanne aufschäumen lassen. Einen kleinen Schöpflöffel Teig einfüllen und gleichmäßig zu etwa 12 cm großen Cakes in der Pfanne verteilen. Bei mäßiger Hitze auf beiden Seiten 3 Minuten backen. Fertige Pancakes im Ofen (60 °C) warm halten. Mit Ahornsirup servieren.

Apropos
Wenn sich auf der Oberfläche des Pancakes die Blasen zu kleinen Löchern öffnen, ist er auf der einen Seite fertig gebacken und kann umgedreht werden.

Variante
Buttermilch-Pancakes

125 ml Buttermilch, 2 Eier und 3 EL geschmolzene Butter gründlich schlagen. 150 g Weizenmehl, ½ TL Backpulver, ½ TL Natron, 2 EL Feinkristallzucker, 2 Prisen Salz vermischen und in die Buttermilchmasse einrühren. Etwas Butter in einer Pfanne aufschäumen und die Pancakes bei mittlerer Hitze 2–3 Minuten backen. Als Füllung eignen sich Heidelbeeren (Blueberries), die oft auch gleich in den Teig gemischt werden.

Nährwert pro Stück

Eiweiß	9,5 g
Kohlenhydrate	7,8 g
Fett	3,7 g
Kilokalorien	103

Tacos de suadero

Mexiko

Zutaten
für ca. 24 Stück

Tortillas
- 250 g Maismehl
- 250 ml lauwarmes Wasser
- ½ TL Salz

Füllung
- 1 kg Bruststück vom Rind
- Saft einer Orange
- etwas Worcestershiresoße

- Backpapier und Frischhaltefolie
- Öl zum Backen
- Bratenfett
- weiße Zwiebel und Petersilie zum Garnieren

Zubereitung

Das Fleisch im Orangensaft und etwas Worcestershiresoße einen Tag im Kühlschrank marinieren. Dann in etwas Öl rundherum anbraten, bis es durch ist, in kleine Stücke schneiden und in der Pfanne warm halten.

Für die Tortillas Maismehl nach und nach mit dem lauwarmen Wasser mischen und mit den Händen zu einer weichen und elastischen Masse kneten. 5 Minuten ruhen lassen, danach etwas Salz zufügen und nochmals 1 Minute kneten.

1 gehäuften EL Teig auf ein benetztes Stück Backpapier setzen. Darauf ein Stück Klarsichtfolie legen und mit dem Nudelholz etwa 13 cm große, 2 mm dicke Fladen ausrollen. Folie abziehen und den Maisfladen in die beschichtete Pfanne gleiten lassen. Wenn er klebt, das Papier mit dem Fladen dran umdrehen und in die Pfanne legen.

Das Backpapier vorsichtig vom Fladen abziehen. Die Tortillas bei mittlerer Hitze auf beiden Seiten jeweils ½ Minute backen, bis sich kleine Bläschen bilden. Mit dem restlichen Teig ebenso verfahren. Bis zur weiteren Verwendung auf einem Teller stapeln und mit einem feuchten Küchentuch bedecken.

Die Tortillas mit ein wenig Bratenfett bestreichen, in einer Pfanne nochmals erhitzen, mit 2 EL Fleisch füllen und Tacos formen. Die Tacos mit gehackter Zwiebel, Petersilie und einer Salsa roja (Rezept siehe Seite 86) servieren.

Apropos

Wer in Mexiko Tacos sagt, meint damit mittlerweile eigentlich Tacos de suadero. Suadero bezeichnet die Brustspitze vom Rind.

Amerika

Cachapas

Venezuela

Zutaten

für ca. 6 Stück

- 300 g Mais
- 125 ml Wasser
- 4 EL Maisstärke
- 2 Eier
- 1 EL Butter
- ½ TL Salz

- Butter oder Öl zum Backen
- Queso fresco oder Quark (Topfen) zum Bestreuen

Nährwert pro Stück

Eiweiß	7,4 g
Kohlenhydrate	38,3 g
Fett	11,6 g
Kilokalorien	288

Zubereitung

Alle Zutaten in eine Schüssel geben und mit dem Pürierstab zu einem cremigen Teig pürieren.

In einer Pfanne etwas Butter oder Öl heiß werden lassen. Einen kleinen Schöpflöffel Teig einfüllen und gleichmäßig zu einem großen flachen Fladen verteilen. Die Cachapas auf jeder Seite etwa 5 Minuten backen, bis sie anfangen zu bräunen. Fertige Cachapas im Ofen (60°C) warm halten.

Jeweils etwas Queso fresco auf jeder Cachapa zerbröseln und heiß servieren. Anstelle von Queso fresco können Sie auch Panir (siehe Seite 46) verwenden.

Apropos

Wenn Sie für Ihre Grillparty eine Variante zu gegrillten Maiskolben versuchen wollen, können Sie die Cachapas auch auf dem Grill zubereiten. In Venezuela werden dafür große Bleche benutzt, die über der Glut erhitzt werden. Für den Grill im Garten eignet sich eine Stahl- oder Gusseisenpfanne oder ein dickes Backblech. Leicht einfetten und in einigem Abstand zur Glut die Cachapas backen.

Johnnycakes
USA

Zutaten
für ca. 12 Stück

- 150 g (weißes) Maismehl
- 300 ml kochendes Wasser
- je ½ TL Backpulver, Feinkristallzucker, Salz
- 2 EL Butter

- Öl zum Backen

Nährwert pro Stück

Eiweiß	1,0 g
Kohlenhydrate	9,4 g
Fett	1,7 g
Kilokalorien	58

Zubereitung

Alle trockenen Zutaten in einer Schüssel mischen, etwas Butter dazugeben und kochendes Wasser darübergießen. Mit einem Schneebesen einen flüssigen Brei rühren und 15 Minuten quellen lassen.

Jeweils 1 gehäuften EL Teig in eine gefettete Pfanne tropfen lassen und mit einem Löffel etwas flach streichen. Bei mäßiger Hitze die Johnnycakes auf jeder Seite 5 Minuten hellbraun backen. Es können ruhig auch mehrere auf einmal gebacken werden. Fertige Cakes im Ofen (60 °C) warm halten.

Apropos
Das Urrezept für Johnnycakes haben die frühen europäischen Siedler von den Algonquin übernommen, die damals die Ostküste und den Mittelwesten bewohnten.

Variante
Cornbread

Die Johnnycakes sind typisch für die Ostküste der USA. Vergleichbare Zutaten werden für Cornbread gebraucht, das aber im Ofen gebacken wird. Cornbread ist Soul Food aus den Südstaaten. Für 1 Brot (Ø 20 cm) eine ofenfeste Pfanne mit Öl einstreichen. In den Ofen stellen und auf 220 °C einheizen. 150 g Maismehl, 50 g Weizenmehl, 1 ½ TL Backpulver, ½ TL Natron und ½ TL Salz in einer Schüssel vermischen. 1 Ei leicht schlagen und mit 250 ml Buttermilch verrühren. Die Buttermilch-Ei-Mischung in die Mehlmischung einrühren und die Masse in die heiße Pfanne leeren. In 15 Minuten goldgelb backen. Wenn Sie mit einem Holzspieß in das Brot stechen, darf beim Herausziehen kein Teig daran haften bleiben.

Burritos

Tex-Mex

Zutaten

für ca. 12 Stück

Tortillas
- 375 g Weizenmehl
- 250 ml Wasser

Füllung
- 500 g gekochte schwarze Bohnen
- 2 EL Öl
- 1 Zwiebel
- 2 Knoblauchzehen
- ½ TL Salz

Salsa molcajete
- 1 kg Tomaten
- 4 Knoblauchzehen
- 1 Zwiebel
- 4 Jalapeños oder 2 scharfe grüne Chilischoten
- 4 gehäufte EL Koriandergrün
- Limettensaft
- Salz

- 1 Handvoll Chihuahua-Käse oder junger, milder Gouda

Nährwert pro Stück

Eiweiß	6,3 g
Kohlenhydrate	27,6 g
Fett	4,2 g
Kilokalorien	176

Zubereitung

Zunächst die Füllung zubereiten. Dazu die Zwiebel hacken, den Knoblauch dazupressen und mit etwas Öl in einer Bratpfanne andünsten. Die gekochten Bohnen dazugeben und mit einer Gabel zu einem groben Püree zerdrücken. Die Bohnen salzen und bei Bedarf etwas Wasser dazugeben. Ein paar Minuten erhitzen, bis die Mischung eindickt.

Für die Salsa die Tomaten in einer heißen Pfanne oder auf dem Grill rösten, bis die Haut dunkel wird und die Tomaten weich. Dabei einige Knoblauchzehen in der Schale mitrösten. Währenddessen Zwiebel, Chilis (ohne Kerne) und Koriandergrün fein hacken. Die gerösteten Tomaten und den Knoblauch schälen und ebenfalls fein hacken oder in der Küchenmaschine zerkleinern. Alles mischen, mit Limettensaft sowie etwas Salz abschmecken und 30 Minuten ziehen lassen.

Für die Tortillas aus den genannten Zutaten einen Teig kneten, bis er weich wird. In etwa walnussgroße Kugeln teilen, ganz dünn ausrollen. Eine schwere, nicht gefettete Pfanne erhitzen und die Teigfladen auf jeder Seite kurz backen, bis die Oberfläche Blasen wirft. Fertige Tortillas zugedeckt in einer Schüssel oder unter einem feuchten Küchentuch aufbewahren.

Jeweils 2–3 EL der Füllung auf die Teigfladen geben, einwickeln und nebeneinander in einer flachen, gefetteten Gratinform platzieren. Mit Salsa übergießen, mit Käse bestreuen und etwa 15 Minuten im Ofen bei 220 °C überbacken.

Apropos

Salsa molcajete wird traditionell in Molcajetes gestampft. Das sind große Mörser aus Lavagestein, die wie eine Gusseisenpfanne von Generation zu Generation weitergegeben werden.

Nährwert pro Stück

Eiweiß	22,3 g
Kohlenhydrate	27,3 g
Fett	71,5 g
Kilokalorien	833

Shrimpcakes

USA

Zutaten

für ca. 4 Stück

Cakes
- 250 g rohe Garnelen
- 125 g Cracker (oder Paniermehl bzw. Semmelbrösel)
- 2 Eier
- 1 Frühlingszwiebel
- 1 grüne Chilischote
- 1 Knoblauchzehe
- ½ TL Salz

Sauce rémoulade
- 250 g Mayonnaise
- 1 Cornichon
- ½ EL Kapern
- 1 eingelegte Sardelle
- 1 EL Dijonsenf
- je 1 Prise gehackte Petersilie, gehackter Kerbel, gehackter Estragon

Mayonnaise
- 2 zimmerwarme Eigelbe
- 250 ml zimmerwarmes Olivenöl
- 1 EL Essig oder Zitronensaft
- ½ TL Salz
- ½ TL gemahlener Pfeffer

Zubereitung

Die Garnelen schälen, eventuell den Darm entfernen, grob hacken und in etwas Öl etwa 2 Minuten anbraten. Frühlingszwiebel und Chilischote (ohne Kerne) fein hacken und die Knoblauchzehe zerdrücken.

Die Cracker fein zerbröseln und mit den Eiern sowie den vorgebratenen Garnelen mischen. Die Masse mit Zwiebel, Chili, Knoblauch, Limettensaft und etwas Salz würzen. Aus der Masse 4 Hamburger formen und in einer gefetteten Pfanne auf beiden Seiten jeweils 2 Minuten backen.

Dazu reicht man am besten eine Sauce rémoulade. Dafür zunächst eine Mayonnaise zubereiten. Essig, Salz und Pfeffer zum Eigelb geben und in der Küchenmaschine mit dem Schneebesenaufsatz oder von Hand schlagen. Das Öl in einem dünnen Strahl dazugießen und kräftig schlagen. Je mehr Öl verwendet wird, desto dicker die Mayonnaise. Cornichon, Kapern und Sardelle sowie Kräuter fein hacken und alles unter die Mayonnaise ziehen.

Amerika

Chilaquiles
Mexiko

Zutaten
für 12 Stück

- 12 Tortillas
  (Rezept siehe Seite 83)

Salsa
- 750 g Tomaten
- 1 weiße Zwiebel
- 2 Knoblauchzehen
- 2 rote Chilischoten
  (möglichst Serranos)
- 2 Handvoll Rucola
- 500 ml Hühnerbrühe
- 1 TL Salz

- ¼ Hähnchen
- 1 Zwiebel
- 2 Knoblauchzehen
- 1 TL Salz

- 250 g Queso fresco
  oder Quark (Topfen)
- 250 ml saure Sahne
- 1 Bund Petersilie

- Öl zum Braten

Nährwert pro Stück

Eiweiß	12,7 g
Kohlenhydrate	19,6 g
Fett	10,3 g
Kilokalorien	223

Zubereitung

Die Tortillas in kleine Stücke schneiden und in Öl braten, bis sie etwas Farbe annehmen. Danach abtropfen lassen.

In der Zwischenzeit Tomaten würfeln und Zwiebel, Knoblauch, Chilis sowie Rucola hacken. Das Gemüse in etwas Öl anbraten. Mit Hühnerbrühe ablöschen, salzen und die Salsa bei mäßiger Hitze zu einer cremigen Konsistenz einkochen lassen (dauert ca. 45 Minuten).

Hähnchen in siedendem Salzwasser mit geviertelter Zwiebel, leicht gequetschtem Knoblauch und ganzen Petersilienblättern pochieren (dauert ebenfalls etwa 45 Minuten).

Das Hähnchenfleisch von den Knochen befreien und mit den frittierten Tortillastücken in die köchelnde Salsa einrühren. Etwas ziehen lassen, bis sich die Tortillas mit Salsa vollgesogen haben. Mit zerbröseltem Queso fresco, saurer Sahne und gehackter Petersilie bestreuen.

Apropos

Eine typische mexikanische Resteverwertung. Statt Tomaten werden dort Tomatillos verwendet. Das sind grüne, tomatenähnliche Beeren in einer grünlichen Hülle. Und anstelle von Rucola werden in Mexiko meist Epazoteblätter genommen, die aber bei uns schwer zu bekommen sind.

Tostones

Kuba

Zutaten
für ca. 24 Stück

- 2 gelbe oder noch grüne Kochbananen
- Fleur de Sel

- 500 ml Erdnuss- oder Sonnenblumenöl zum Frittieren

Nährwert pro Stück

Eiweiß	0,1 g
Kohlenhydrate	3,1 g
Fett	2,5 g
Kilokalorien	35

Zubereitung

Die Kochbananen schälen und in etwa 1 ½ cm dicke Scheiben schneiden.

In einer Pfanne das Öl auf mittlere Hitze erwärmen und ein Viertel der Bananenscheiben darin auf beiden Seiten jeweils 2 Minuten frittieren. Die Scheiben auf eine dicke Papiertüte legen. Darauf wiederum eine Lage Papier legen und dann von Hand, mit einer Bratpfanne oder einem Fleischklopfer die Scheiben flach klopfen.

Die Tostones wieder ins heiße Öl geben und nochmals auf beiden Seiten jeweils 1 Minute frittieren. Herausnehmen und auf dem Papier abtropfen lassen. Mit Fleur de Sel bestreuen und möglichst noch heiß genießen. Mit der anderen Scheiben ebenso verfahren und die fertigen Tostones im Ofen warm halten (60 °C).

Amerika

Apropos

Tostones gibt es in der Karibik und in Mittelamerika als Snack am Straßenrand. Das Frittieröl kann einige Male wiederverwendet werden. Nach dem Frittieren den Rest durch ein feines Sieb oder Mulltuch in ein geeignetes Glas abfüllen und im Kühlschrank aufbewahren.

Register

Apfelmus 18
Apfelpfannkuchen 26
Apfelpfannkuchen, Martins 26

Baghrir 51
Bánh cuón 76
Bánh xèo 71
Blinis 62
Bo bing 69
Boxty 70
Burritos 86
Buttermilch-Pancakes 80

Cachapas 84
Chapati 55
Chennaküchlein 46
Chilaquiles 90
Cornbread 85
Crêpes flambées 33
Crêpes Suzette 32
Crespelle 42

Dadar gulung 77
Date-Maki-Sushi 66

Flädlesuppe 18
Frittata del Venerdì Santo 41
Frittata di cipolla 41
Frittatensuppe 18

Galettes saucisse 30
Galettes complètes 30
Gamjajun 70

Injeras 56

Jaffna dosai 57
Johnnycakes 85

Kaiserschmarrn 19, 20
Khobz 50

Kue emping 64
Kokosnuss-Sambal 57

Lahoh 56

Masala dosa 58
Matafan 40
Minztee, Marokkanischer 52
M'semen 52
Mukusule 49

Necci 36

Oatcakes 31

Pancakes 80
Panelle 35
Pfannkuchen (Grundrezept) 17
Pitabrot 50

Raggmunk 39
Roti 75
Roti jala 65

Salsa molcajete 86
Sauce rémoulade 89
Shrimpcakes 89
Socca 35

Tacos de suadero 83
Tamago 72
Topfenpalatschinken 29
Tortilla de patatas 39
Tostones 93

Vanillepudding 18
Vhutetwe 49

Zwetschgenkompott 20

Masala dosa (Rezept siehe Seite 58)

Bei den Pfannkuchenrezepten in diesem Buch kommt es nicht ganz genau darauf an, wie viel wovon gebraucht wird. Falls Sie das lieber in EL oder Tassen abmessen, verwenden Sie bitte folgende **Umrechnungstabelle**:

Mehlmasse	Mehlvolumen
50 g	⅓ Tasse
100 g	⅔ Tasse
150 g	1 Tasse
200 g	1 ⅓ Tassen
250 g	1 ⅔ Tassen
300 g	2 Tassen

Einheit	Volumen
1 TL	5 ml
1 EL	15 ml
1 Tasse	240 ml

Dank

Danke, Mama, für all die Hackfleischomelettes. Danke, Chari, für die Tortillas. Danke, SgK, für die Herausforderungen.

Ich möchte den Kindern Milan, Lucie, Janka, Emma, Clara und Elena „Danke!" sagen, die als unbestechliche Testesser ihre Urteile über die Pfannkuchen abgegeben haben. Nur Pfannkuchen, die kein „Bäh!" bekommen haben, wurden in der Sammlung berücksichtigt.

Ich danke Jennifer Brauch, Martin Losch, Susanne Dieterich, Therese Affolter, Robinson Hordoir, Ulrike Löptien, Young-Jin Kim, Dietmar Bußmann, Sante Laviola und Manu Thomas für ihre Beiträge. Ohne die Diskussionen, Erfahrungen und Einsichten wäre das Buch weniger gut geworden.

Ganz besonders bedanken möchte ich mich bei Miguel Dieterich und Jürgen Ehrmann. Ohne sie wäre aus der Idee kein Buch geworden. Sie haben durch ihren Einsatz ganz entscheidend dazu beigetragen, dass ich jetzt Pfannkuchen aus aller Welt backen kann.

Mein Dank gilt auch all denen, die nicht namentlich genannt sind und die durch ihr Mitwirken an diesem Projekt für ein gutes Gelingen gesorgt haben.

Impressum

avBUCH im Cadmos Verlag
copyright © 2011 by Cadmos Verlag, Schwarzenbek

Umschlag und Layout: Ravenstein + Partner, Verden
Lektorat und Satz: Jürgen Ehrmann, media-solutions.at

Coverfoto: Miguel Dieterich
Fotos im Innenteil: Miguel Dieterich

Druck: Westermann Druck, Zwickau

Deutsche Nationalbibliothek – CIP-Einheitsaufnahme
Die Deutsche Nationalbibliothek verzeichnet diese Publikation in der Deutschen Nationalbibliografie; detaillierte bibliografische Daten sind im Internet über http://dnb.ddb.de abrufbar.

Alle Rechte vorbehalten.

Abdruck und Speicherung in elektronischen Medien nur nach vorheriger schriftlicher Genehmigung durch den Verlag.

Für die Richtigkeit der Angaben wird trotz sorgfältiger Recherche keine Haftung übernommen.

Printed in Germany

ISBN: 978-3-8404-7402-6